ÉTUDES BIOGRAPHIQUES

SUR

LOUIS-PHILIPPE D'ORLÉANS.

ÉTUDES BIOGRAPHIQUES

SUR

LOUIS-PHILIPPE D'ORLÉANS,

DERNIER ROI DES FRANÇAIS;

PAR

M. A. BOULLÉE,

ANCIEN MAGISTRAT,

Auteur de l'*Histoire de France pendant la dernière année*
de la Restauration, etc.

Ne qua suspicio gratiæ,
Ne qua simultatis.
CIC.

PARIS.
LANGLOIS ET LECLERCQ,
RUE DE LA HARPE, 81.
——
1849.

ÉTUDES BIOGRAPHIQUES

SUR

LOUIS-PHILIPPE D'ORLÉANS.

Ne qua suspicio gratiæ, ne qua simultatis.

(Cic.).

PREMIÈRE PARTIE.

TACITE a peint d'un trait fort piquant l'empereur Galba, lorsqu'il a dit de lui « qu'il parut supérieur à la condition privée tant qu'il y resta, et qu'on l'eût universellement jugé digne de l'empire, s'il n'avait régné (1). »

Cette sentence, qui semble le signalement naturel des monarques déchus, ne saurait, à mon avis, s'appliquer sans restriction à Louis-Philippe d'Orléans, dernier roi des Français. Plus sa chûte est récente, plus elle a été soudaine et profonde, plus l'historien, toujours calme et impartial, doit se défendre à son égard des entraînements de l'intérêt personnel ou des préoccupations de l'esprit de parti. Ce n'est qu'à de telles conditions que l'Histoire peut être utile, et réaliser sa noble mission qui, selon l'admirable peintre de Germanicus et de Tibère, consiste à glorifier les belles actions et

---

(1) *Histor.*, I, 49.

1

à contenir les méchants par la crainte de l'infamie (1). La vérité, d'ailleurs, ne réside guère dans les jugements extrêmes. Les hommes ne sont point tout bons ni tout mauvais. En dehors des vertus dont l'éclat honore le rang suprême, il est des qualités qui, sans inspirer à un certain degré l'estime ou l'affection, entrent pour une portion notable dans le gouvernement des états, et ne sauraient être indignes, sous ce point de vue, de fixer l'attention de la postérité. C'est à discerner les unes et les autres, à assigner à toutes leur véritable caractère, que consiste l'impartialité historique. C'est l'appréciation que je me propose d'essayer ici sans exagération comme sans faiblesse. Modeste serviteur de la Restauration, je n'ai connu du gouvernement déchu que ses disgrâces. Je ne puis donc être suspect de prévention personnelle dans le bien que j'aurai à dire de son chef. Dans les cas malheureusement moins rares où ma conscience me dictera une opinion plus sévère, j'espère ne point oublier qu'une puissance si profondément tombée est condamnée sans retour ; et qu'il n'y a ni dignité, ni bon goût, ni délicatesse à insulter l'objet d'un irréparable revers.

Lorsque Louis–Philippe, cinquième arrière petit–fils de *Monsieur*, frère de Louis XIV, naquit à Paris, le 6 octobre 1773, sous le nom de duc de Valois, il existait une rivalité déjà ancienne entre les deux branches de la maison de Bourbon. Cette rivalité remontait au berceau du grand roi. On sait que le cardinal Mazarin, dans sa juste prévoyance, reprochait au précepteur du duc d'Orléans de faire de ce prince un *habile homme.* Les troubles de la Fronde n'avaient fait que développer cet antagonisme, et Gaston, régent de France, en affectant de s'appuyer sur la bourgeoisie parisienne, semble

(1) *Annal.*, III, 65.

3

avoir légué au père de Louis-Philippe un exemple d'opposition auquel ce prince ne se montra pas infidèle. C'est du Palais-Royal, que partirent, en 1789, les premières excitations révolutionnaires. La participation directe du duc d'Orléans aux excès de cette époque, et notamment aux funestes journées d'octobre, a été tour-à-tour affirmée avec assurance et niée avec obstination, comme il arrive de la plupart des complots politiques, et la procédure instruite au Châtelet ne fournit sur ce point que des notions équivoques ou insuffisantes. Mais un fait capital domine toutes ces incertitudes : c'est l'exil infligé au duc d'Orléans par la conscience de La Fayette à la suite de ces sanglantes journées. Quant à la prétendue lettre posthume dans laquelle Mirabeau rend compte à ce prince des manœuvres qu'il a employées pour lui frayer l'accès du trône, son authenticité est demeurée justement suspecte. Qui pourrait d'ailleurs essayer l'apologie de cette vie impure et séditieuse, si dignement couronnée par le crime d'un régicide qui saisit d'horreur les complices mêmes de ce parent dénaturé !

De tels exemples atteignirent l'âme du jeune Louis-Philippe à cet âge où les impressions extérieures laissent dans l'esprit humain des traces si vives et si pénétrantes. Cette influence fut malheureusement secondée par l'éducation fastueuse de Mme de Sillery-Genlis, qu'un caprice bizarre du duc d'Orléans avait donnée pour gouvernante à ses quatre enfants : femme distinguée sans doute, mais en qui l'aride philosophie du XVIIIe siècle, une condescendance étroite et suspecte pour le chef de la maison d'Orléans, et par dessus tout un incurable besoin d'intrigue et d'ostentation neutralisaient les plus généreux instincts de son sexe. Violent à la fois et austère, son patriotisme s'affranchit dès le début de tout ménagement timide. Lors de la prise de la Bastille, elle-même conduisit ses élèves sur le passage des vainqueurs, et ne rougit point, s'il faut en croire certains récits, de les mêler le même jour aux danses frénétiques des femmes du peuple, dans le jardin même du Palais-Royal.

Ces dangereuses instigations portèrent leurs fruits. Les ducs de Chartres (1) et de Montpensier et leur sœur Adélaïde embrassèrent avec ardeur la cause révolutionnaire ; l'âge encore peu avancé du comte de Beaujolais, le tint en dehors de tout engagement de parti. Les ducs de Chartres et de Montpensier étaient présents le 5 octobre à la séance de l'Assemblée nationale où Pétion dénonça la fête militaire donnée quelques jours avant par les gardes-du-corps au régiment de Flandre, sous les yeux de la famille royale. Cette dénonciation d'une portée si dangereuse dans les conjonctures critiques où l'on se trouvait, excita un tumulte inexprimable. Des cris de sang se firent entendre sur plusieurs bancs. « Ces messieurs, dit un député de la droite, demandent encore des lanternes.—*Oui, messieurs, il faut encore des lanternes* ! » répéta le duc de Chartres avec véhémence. Cette odieuse exclamation ne fut pas le seul encouragement que les excès du parti révolutionnaire reçurent alors du jeune Louis-Philippe. On voit par les mémoires de la marquise de Créquy et par ceux de Clermont-Gallerande, qu'il assista avec son frère et sa sœur, sur la terrasse du château de Passy, à l'humiliation de Louis XVI et de sa famille, ramenés à Paris par une populace altérée de leur sang. Ce douloureux épisode de la révolution s'accomplissait sous les yeux de Louis-Philippe le jour même où il atteignait sa seizième année : âge tendre encore pour une personne privée, âge raisonnable pour un prince, et dont l'excuse disparaît d'ailleurs dans un reproche trop mérité d'ingratitude personnelle. Le jeune duc avait été tenu sur les

(1) Louis-Philippe d'Orléans avait reçu ce nom à la mort de son aïeul Louis-Philippe, arrivée le 18 novembre 1765.

fonts baptismaux par l'auguste couple qui marchait ainsi au-
devant de l'échafaud.

Cette première démonstration ne fut que le prélude de plus
graves écarts. Louis-Philippe s'affilia à la société des Jacobins,
et ce fut sur ses pressantes instances que le trop fameux
Collot-d'Herbois, qui présidait alors cette assemblée, y admit
le duc de Montpensier. Une infidélité de Clarke, ancien secrétaire des commandements du duc d'Orléans, et depuis
ministre de la guerre, livra au premier Consul, qui le fit imprimer en 1803, le manuscrit du journal tenu à cette époque par le jeune duc de Chartres. Il est juste de reconnaître
que rien n'y signale la participation du prince aux motions
extravagantes ou sanguinaires qui se succédaient alors à la
tribune des Jacobins ; mais tout y respire la haine de la
royauté et un amour fanatique de la liberté. Parle-t-il du
trône de France, c'est pour dire « qu'il aimerait mieux le
manger que de s'y asseoir; » il salue d'un enthousiasme sans
bornes le drame *du Despotisme renversé,* et raconte qu'il a
donné *deux louis* à la musique de son régiment pour avoir
joué l'air révolutionnaire de *Ça ira,* etc.

Cette direction si contraire aux devoirs d'un prince du sang,
troublait profondément l'âme droite et pure de la duchesse
d'Orléans, déjà si vivement blessée dans ses sentiments d'é-
pouse et de mère. Dans une lettre écrite sur la fin de 1790,
à son mari, alors exilé en Angleterre, on voit cette digne
fille du duc de Penthièvre exhaler avec une respectueuse liberté ses plaintes sur la conduite de son fils et déplorer surtout son affiliation à cette société dont le fanatisme démago-
gique préparait à la France, par le renversement du trône,
une ère d'incalculables calamités : « Si les Jacobins, lui dit-
elle, étaient composés de députés seulement, ils seraient
moins dangereux, parce qu'ils seraient connus par leur conduite à l'Assemblée, et que l'on pourrait prévenir mon fils;

mais comment le mettre sur ses gardes vis-à-vis d'un tas de gens qui y ont la majorité, et qui sont bien propres à égarer les principes d'un jeune homme de dix-sept ans ! Si mon fils en avait vingt-cinq, comme je vous l'ai dit, je ne serais pas tourmentée, parce qu'il pourrait distinguer par lui-même ; mais à dix-sept ans, jeté dans une société de ce genre, en vérité, mon cher mari, cela n'a pas de raison ; et que ce soit nous, que ce soit ses parents, qui, pour faire son éducation, l'envoient aux Jacobins, me paraît et paraîtra sûrement à tout le monde une chose inconcevable, et me ferait en vérité regretter qu'il fût sorti des mains de madame de Sillery. »

La guerre, qui ne tarda pas à éclater sur les frontières de la Belgique, vint donner un autre cours aux idées du jeune duc de Chartres, et ouvrir une carrière plus pure et plus légitime au besoin de distinction et de popularité dont il paraissait dévoré.

Ce prince qui, dès l'âge de quatorze ans, avait reçu le grade de colonel du régiment de Chartres, passa en novembre 1785 au commandement du 14ᵉ de dragons. Il se fit néanmoins inscrire en 1791, comme simple fusilier dans le bataillon des gardes nationaux de Saint-Roch, sous le titre de *citoyen de Paris*. Vers cette époque, les colonels titulaires ayant reçu l'ordre de se mettre à la tête de leurs régiments, il alla tenir garnison à Vendôme, où il fut assez heureux pour donner des preuves publiques de son courage et de son humanité. On le vit déployer le zèle le plus intelligent et le plus assidu dans l'exercice de ses devoirs militaires. Il partit à la fin de 1791 pour commander la place de Valenciennes jusqu'à la fin d'avril 1792. A cette époque, il entra dans l'armée active sous les ordres du duc de Biron, ami personnel de son père. On sait que les débuts de cette première campagne de la révolution ne furent pas heureux. Biron fut battu à Quiévrain, et

ses troupes se replièrent en désordre jusqu'aux portes de
Valenciennes. Louis–Philippe fut promu le 7 mai 1792 au
grade de maréchal-de-camp. On raconte que lorsqu'il se présenta en cette qualité au général en chef Kellermann, celui-
ci, étonné de son extrême jeunesse, lui demanda comment il
avait fait pour gagner ce grade en si peu de temps. « En étant
le fils de celui qui a fait de vous un colonel, » lui répondit le prince sans se déconcerter. Kellermann ne parut point
choqué de cette réponse; il tendit la main à son jeune interlocuteur, et lui conféra bientôt après (11 septembre 1792) le grade
de général de division. Louis-Philippe assista le 20 septembre à
la bataille, ou pour mieux dire à la cannonade à peu près insi-
gnifiante de Valmy, où, par des motifs diversement appréciés,
le duc de Brunswick échangea la perspective d'un succès
probable contre un vain déploiement de ses forces. Cette
journée, qui ne fut pas sans gloire pour le duc de Chartres,
eut l'effet immense de relever le moral de l'armée française
et de préparer la victoire de Jemmapes, laquelle ouvrit la
Belgique à la France. Le duc de Chartres qui, sous le nom
ridicule d'*Égalité*, commandait une des colonnes du centre
de l'armée, sous les ordres immédiats du général en chef
Dumouriez, prit une part brillante à cette action, et s'y fit
remarquer par sa valeur personnelle. Son exemple et ses
exhortations concoururent puissamment à raffermir les ba-
taillons du centre qui, chargés à l'entrée du bois de Flence
par des forces supérieures, se repliaient en désordre et menaçaient d'entraîner en déroute la colonne entière. Ce mouvement, dans lequel le duc de Chartres fut activement secondé par son frère le duc de Montpensier, qui lui servait
d'aide-de-camp, exerça une grande influence sur le résultat
de cette première bataille rangée que livra la République. Il
assigna au jeune général un rang élevé parmi les lieutenants
de Dumouricz, et l'on doit constater avec les écrivains con—

8

temporains qu'il sut honorer son haut rang et sa renommée
naissante par l'exemple d'une moralité solide qui contrastait
avec les déréglements sans bornes du prince dont il tenait le
jour (1). Sa popularité caressait agréablement la prédilection
de Dumouriez, qui affectait de l'appeler l'espoir de la nation,
le *Germanicus français* (2), le montrait aux troupes et lui
ménageait avec soin toutes les occasions de paraître avec
éclat. Quel était le but réel de ces prévenances ? Dumouriez
songeait-il sérieusement à réaliser un prétendu pronostic de
Danton (3), et à placer la couronne constitutionnelle de France
sur la tête du jeune duc ? On peut en douter en présence des
efforts secrets, mais actifs et malheureusement infructueux
qu'il tenta vers cette époque pour la délivrance de la famille
royale, alors détenue dans la prison du Temple. Quoiqu'il en
soit, la dernière heure de cette renommée si brillante et si
éphémère était près de sonner. L'armée de Dumouriez rencontra le 18 mars 1793, dans les plaines de Nerwinde le
corps de troupes du prince de Cobourg, qui comptait environ
soixante mille combattants. Le duc de Chartres commandait
deux colonnes du centre et la réserve. La bataille, commencée
à la pointe du jour, fut acharnée. Louis—Philippe prit et reprit le village de Nerwinde, et se vit enfin contraint à l'abandonner à un ennemi fort supérieur en nombre. Dumouriez,
qui s'en rendit également maître, ne fut pas plus heureux.
Le général Thouvenot, son chef d'état-major, rétablit momentanément le combat; mais l'aile gauche, commandée par
Miranda, et composée en majeure partie de volontaires, fléchit.
se mit en déroute, et sa retraite produisit la confusion dans
le reste de l'armée. A Tirlemont, à Louvain, Dumouriez

(1) *Mémoires tirés des papiers d'un homme d'Etat*, t. II, p. 212.
(2) *Hist. de la conjur. d'Orléans*, par Montjoie.
(3) *Hist. des Girondins*, t. IV.

essuya de nouveaux échecs qui rendirent sa position désespérée et le poussèrent aux résolutions les plus extrêmes. Il songea sérieusement à marcher contre la Convention régicide, et à sauver la France d'un démembrement en imposant aux alliés une neutralité officieuse. Le 21 mars, le colonel Montjoie s'aboucha par ses ordres avec Mack, chef de l'état-major de l'armée impériale, et sollicita une suspension d'armes que ce dernier conclut le lendemain même dans une conférence personnelle avec Dumouriez. Le général français dut à ces dispositions l'évacuation pacifique du territoire belge et la rentrée en France des débris de son armée. Le 27 mars, eut lieu à Ath entre le colonel Mack, Dumouriez, Thouvenot et le duc de Chartres, cette entrevue tristement célèbre qui consomma la défection du vainqueur de Jemmapes. Les Impériaux prirent l'engagement de concourir éventuellement à la réalisation de ses plans, si ses propres forces étaient insuffisantes ; connivence coupable et qui témoigne assez à quel degré d'abattement et de démoralisation étaient tombés les chefs de l'armée. Ces sentiments se reproduisent dans ce fragment d'une lettre que Louis-Philippe écrivait à son père : « Mon couleur de rose, lui disait-il, est à présent bien passé, et il est changé dans le noir le plus profond. Je vois la liberté perdue ; je vois la Convention nationale perdre tout-à-fait la France par l'oubli de tous les principes ; je vois la guerre civile allumée ; je vois des armées innombrables fondre de tous côtés sur notre malheureuse patrie, et je ne vois pas d'armée à leur opposer. »

Mais cette espèce de contre-révolution demandait une exécution prompte sous la protection d'un secret absolu. Dumouriez négligea de s'assurer une base solide d'opérations par l'occupation de Lille, de Valenciennes et de Condé. Ses propos répandirent le soupçon partout autour de lui. Traduit à la barre de la Convention, il refusa d'obéir. L'arrestation du ministre de la guerre et des quatre commissaires délégués auprès de lui par cette assemblée, fut le dernier acte de son autorité. Il perdit en vaines conférences et en stériles négociations un temps précieux. Tous ses plans avortèrent. Poursuivi par la méfiance universelle de ses troupes qui se sentaient trahies, il n'eut plus que le temps de sauver sa tête en la mettant sous la protection de l'armée autrichienne. Le duc de Chartres, le général Thouvenot et un petit nombre d'amis partagèrent tous les périls de cette coupable retraite qui livrait les débris de l'armée française aux agressions de Clairfayt, mais que ne souilla du moins aucun acte de spoliation. Ils se rendirent à Tournay, où les rejoignirent quelques cavaliers qui préférèrent, dit M. de Lamartine, « la honte du nom de transfuge à la douleur de se séparer de leur général. »

Le duc de Montpensier avait quitté son frère dans le courant de l'hiver pour aller servir dans l'armée d'Italie, sous le duc de Biron. Mais Louis-Philippe rencontra un adoucissement précieux à cette séparation dans sa réunion à mademoiselle d'Orléans, sa sœur, qui, de retour d'un voyage en Angleterre où l'avait accompagnée madame de Genlis, s'était dérobée dans les camps aux proscriptions de son pays. Amenée de Tournay à Saint-Amand par Dumouriez, qui lui témoignait tous les égards dûs à son rang, à son âge et à ses malheurs, elle y fixa son séjour jusqu'au moment où l'émigration de son frère vint changer le cours de ses destinées.

Frappé d'un décret d'accusation qui n'était qu'un arrêt de mort pour toute sa famille, le premier soin de Louis-Philippe avait été de faire conduire sa sœur et madame de Genlis aux avant-postes autrichiens. Il se fit délivrer à Mons des passeports pour les rejoindre. Mais cette réunion fut de courte durée. Il fallait à la jeune princesse un asile moins rapproché du théâtre de la guerre : elle se mit en route pour la Suisse, où son frère promit d'aller la retrouver avant peu. Plusieurs

biographes de Louis-Philippe ont prétendu que le gouvernement autrichien lui avait offert du service contre la France,
et qu'il avait énergiquement repoussé ces propositions. La
défaveur européenne attachée alors à sa famille permet de
douter de ce fait. On rapporte avec plus de vraisemblance sa
réponse aux officiers autrichiens qui s'étonnaient de lui avoir
vu prendre, à l'imitation de son père, le nom burlesque d'*É-
galité* : « Je n'ai pris ce nom, leur dit-il, que pour *mettre
dedans* les badauds de Paris (1). » Quoiqu'il en soit, Louis-
Philippe ne tarda pas à quitter le territoire de l'empire. Il
se rendit à Bâle sous un nom supposé, et rejoignit sa sœur à
Schaffouse, d'où ils se proposaient de passer à Zurich pour y
fixer leur résidence. Mais cette ville, devenue le séjour d'un
grand nombre d'émigrés français, ne leur offrant aucune
apparence de sécurité, ils se réfugièrent à Zug. Les suspicions
ombrageuses des magistrats les expulsèrent bientôt de ce
nouvel asile, et les augustes proscrits comprirent à regret
que leur sûreté dépendait d'une prompte séparation. Elle
eut lieu le 20 juin 1793. Mademoiselle d'Orléans fut admise
au couvent de Bremgarten par la protection du général de
Montesquiou, exilé comme elle, et ne retrouva son frère
qu'à Portsmouth, sur la fin de 1808.

Abandonné à lui-même, sans crédit, sans ressources, sans
un ami, accompagné d'un domestique nommé Beaudoin,
seul être demeuré fidèle à sa mauvaise fortune, Louis-Philippe
parcourut à pied une partie de la Suisse, le bâton de pèlerin
à la main, le havresac sur l'épaule, couchant sur la dure,
exposé à toutes les privations, à toutes les intempéries, lut-
tant avec courage contre la fatigue et la pauvreté, et recueil-
lant partout les bons effets d'une éducation frugale et tem-
pérante. Il se présente le 27 août à la porte de l'hospice du

---

(1) *Histoire de la conjuration d'Orléans*, tom. 1, p. 117.

Saint-Gothard. Il frappe. Un moine à tête chauve, à barbe grise, ouvre un vasistas, et, trompé par la mise modeste des deux étrangers, il leur refuse un logement et leur indique, en face de l'hospice, un mauvais hangar où se trouvaient réunis des muletiers et des mulets. — « Mais, révérend père, dit le prince, nous vous paierons bien, n'ayez pas peur. » Enfin la porte s'ouvrit, et les deux voyageurs, exténués de fatigue et de besoin, purent prendre part au plus frugal des repas.

Toute pénible qu'elle était, cette vie de sacrifices ne pouvait se prolonger. Il fallait un abri à cette tête proscrite. Au mois d'octobre, le prince apprend par le général de Montesquiou qu'une place de professeur de mathématiques est vacante au collège de la petite ville de Reicheneau, dans le canton des Grisons. Il se présente, sollicite un examen, il est admis sous le nom *de Chabaud-Latour*, qui depuis a appartenu à un député de la Restauration.

Cette situation si nouvelle pour un prince français dura près de quinze mois, pendant lesquels l'auguste professeur sut rigoureusement s'astreindre au régime usité au collège de Reicheneau. Il se levait chaque jour à quatre heures, et s'adonnait avec une assiduité exemplaire à ces exercices pédagogiques, les plus pénibles de tous, parce qu'ils usent également l'esprit et le corps. Indépendamment des mathématiques, Louis-Philippe, dont l'instruction était aussi solide que variée, enseignait à ses élèves le français, l'histoire et la géographie. Le secret de son nom, connu seulement d'un des propriétaires du collège, ne cessa d'être religieusement observé.

Ce fut dans cette retraite si austère et pourtant si précieuse et si regrettée plus tard au sein des splendeurs amères du rang suprême, que Louis-Philippe apprit la mort de son père, immolé le 6 novembre 1793, sous la hache révolutionnaire. Cet événement, qui faisait de lui le chef de la maison d'Or-

léans, l'appelait à de nouveaux devoirs. M. de Montesquiou
crut entrevoir la possibilité de recueillir un hôte dont la
trace semblait perdue pour ses ennemis. Le duc d'Orléans se
rendit auprès de lui à titre d'aide-de-camp, sous le nom *de*
Corby, et y demeura jusque vers la fin de 1794. Sa retraite
en Suisse commençait alors à n'être plus un mystère. Il fallait fuir de nouveau. Mais de quel côté diriger ses pas ?
Mademoiselle d'Orléans avait quitté le couvent de Bremgarten
pour suivre en Bavière la princesse de Conti, sa tante, et
madame de Genlis s'était retirée a Hambourg. Le duc d'Orléans se décida à l'y rejoindre avec le projet de s'embarquer
pour l'Amérique. L'insuffisance de ses ressources pécuniaires
le força d'ajourner la réalisation de ce dernier projet. Son
séjour à Hambourg fut marqué par une de ces épreuves auxquelles ne l'exposait que trop le triste héritage d'un nom qui
résumait à lui seul tant de funèbres souvenirs. Un émigré
français le reconnut dans une rue de cette ville et lui demanda
comment il osait braver ainsi publiquement les regards des
victimes de son père. Un peu troublé d'abord par la brus-
querie de cette apostrophe, le prince se remit promptement :
« Monsieur, dit-il à son agresseur, vous ai-je personnellement offensé ? me voilà prêt à vous satisfaire... Si vous n'avez
aucun reproche personnel à me faire, n'aurez-vous pas un jour
à rougir d'avoir insulté sur la terre étrangère un jeune homme
honnête et indépendant ! » Vaincu par la dignité modeste de
ce langage, l'émigré se retira silencieusement. Louis-Philippe
rencontra dans la même ville un vieillard qui avait vécu longtemps à Paris des bontés de son père, et qu'assiégeait à cette
heure le plus affreux dénûment. Le prince ouvrit sa bourse,
qui ne renfermait alors que quatre louis, et le força d'en accepter un.

Louis-Philippe partit pour Copenhague au mois d'avril
1793, accompagné du comte Gustave de Montjoie, son an-

cien aide–de–camp, qui l'avait rejoint à Hambourg. Moins préoccupé de la crainte d'être reconnu, il visita avec intérêt, à Elseneur, le château de Kranenbourg et les jardins d'Hamlet et passa le Sund pour se rendre en Suède, où sa qualité de Français le fit accueillir avec la plus cordiale hospitalité. Il vit Helsinbourg, Gothenbourg, remonta au lac Wener, admira les magnifiques chûtes d'eau de Gœta–Elf et les vastes travaux commencés à Trollhæten pour réunir le golfe de Bothnie avec la mer du Nord. Il se rendit ensuite en Norvége et séjourna quelque temps à Friderickstad et à Christiania. Le pasteur Monod, depuis président du Consistoire protestant à Paris, habitait alors Christiania. Louis–Philippe le voyait souvent, mais toujours sous le voile du plus strict incognito. La conversation étant tombée un jour sur les évènements récents de la France, M. Monod entreprit avec quelque chaleur la justification du feu duc d'Orléans : « Je l'entends sans cesse, dit–il, accuser de tous les vices, de tous les crimes ; mais je ne puis me persuader tant d'infamie de la part d'un homme qui a donné tant de soins à l'éducation de ses enfants. On dit que son fils aîné, surtout, est un modèle de piété filiale, sans compter ses autres vertus. » Le jeune interlocuteur rougit légèrement à ces paroles, et le pasteur s'en aperçut : « Le connaissez–vous ? lui demanda M. Monod. — Un peu, répondit Louis–Philippe, et je crois que vous avez exagéré son éloge. » Ils se séparèrent peu de jours après cet entretien, et ce ne fut plus qu'en 1814, dans les splendides salons du Palais–Royal, que M. Monod retrouva le modeste voyageur de Christiania dans ce même duc d'Orléans qu'il avait loué vingt ans auparavant avec une effusion si désintéressée.

Louis–Philippe rencontra l'accueil le plus affectueux à Drontheim et à Hamersfeld. Devenu roi, il se plut à reconnaître, par le don d'une belle horloge destinée à l'église de cette dernière ville, l'hospitalité qu il y avait reçue. Informé qu'une digne femme, appelée madame Homberg, qui en avait pris soin à Tronhyem, vivait encore, il lui fit remettre, en 1839, une pendule à musique, comme un souvenir de sa reconnaissance.

L'auguste exilé continua ses pérégrinations avec une constance qui ne tenait compte ni de l'âpreté du climat, ni de la sévérité des habitudes locales. Il vit le redoutable Malstroem du golfe de Saltens-Fiord, franchit les montagnes et les précipices de l'Islande et atteignit le 24 août 1795 le point le plus septentrional de l'ancien globe. Après avoir parcouru la Laponie suédoise, il redescendit à Tornéa, à l'extrémité du golfe de Bothnie, visita Abo, la ville la plus ancienne et la plus renommée de la Finlande, observa avec intérêt le théâtre de la dernière guerre entre les Russes et les Suédois, sous Gustave III, et s'avança jusqu'aux bords du fleuve Kymène, qui sépare la Suède de la Russie. La prudence ne lui permit point de franchir cette limite imposante. Il revint par les îles d'Atland à Stockholm, où son incognito fut trahi pour la première fois depuis son départ de Hambourg. Il assistait à un grand bal donné par la cour à l'occasion de la naissance de Gustave IV, lorsqu'un maître des cérémonies vint le chercher dans la tribune élevée où il s'était placé, pour le conduire dans l'enceinte occupée par la cour. Louis-Philippe avait été reconnu par l'envoyé français. Il descendit sans hésiter et fut traité avec beaucoup d'égards par le roi et par le duc de Sudermanie, alors régent du Royaume. Le duc d'Orléans profita de leurs bonnes dispositions pour visiter avec soin Stockholm. Il alla ensuite parcourir la Dalécarlie et ses mines de cuivre, et saluer en passant le rocher historique de Mora du pied duquel, à la voix de Gustave-Wasa, les Dalécarliens s'étaient élancés, en 1523, contre l'impitoyable Christian. Enfin, il alla voir le bel arsenal de marine de Carlschrona, repassa le Sund, et revint à Hambourg par Copenhague et Lubeck, vers le milieu de l'an 1796.

L'état intérieur de la France s'était favorablement modifié durant ces intéressantes pérégrinations du jeune exilé. Au régime de la terreur avait succédé un gouvernement faible, immoral, mais non oppresseur. Les partis conservateurs, délivrés du joug sanglant de la Convention, recommençaient a s'agiter en face d'un incertain avenir. Lasse des saturnales et des oscillations de la démocratie, la France, par une tendance insurmontable, aspirait à retrouver l'unité monarchique. Quelques partisans du système constitutionnel tournaient leurs regards vers le duc d'Orléans, et, du fond de sa retraite dans le Holstein, Dumouriez, fidèle à ses anciennes prédilections, proposait sérieusement au général vendéen Charette de mettre son héroïque épée au service du fils de Philippe-Égalité. Quelques hommes politiques placés aux avenues même du pouvoir, offraient au marquis de Puisaye, encore courbé sous l'impression du désastre de Quiberon, des secours considérables, sous la condition de recevoir le prince dans les rangs de l'armée royaliste (1). Insensiblement, ces bruits prirent assez de consistance pour que l'ancienne gouvernante du duc d'Orléans, madame de Genlis, crût devoir, dans l'intérêt même de sa gloire, exhorter ce prince, par une lettre devenue célèbre, à repousser ces pensées d'élévation. « Quand vous pourriez raisonnablement et légitimement prétendre au trône, lui écrivait-elle de Silk, le 8 mars 1796, je vous y verrais monter avec peine, parceque vous n'avez, à l'exception du courage et de la probité, ni les talents, ni les qualités nécessaires dans ce rang. Vous

(1) *Mémoires sur l'hist. secrète de la Vendée*, par M. de V.

avez de l'instruction, des lumières et mille autres vertus : chaque état demande des qualités particulières, *et vous n'avez point celles qui font les grands rois.* » Jugement remarquable sous la plume de son auteur, et dont l'importance n'a point été infirmée, ce me semble, par les événements postérieurs.

Quoi qu'il en soit, le Directoire ne put entendre sans ombrage prononcer le nom du duc d'Orléans, et la présence de ce prince en Allemagne commença à émouvoir sa sécurité. Il jugea prudent de mettre entre lui et la France l'immensité des mers, et fit ouvrir des négociations en ce sens auprès de la duchesse douairière d'Orléans. On lui promit de lever le séquestre apposé sur ses biens, et de rendre la liberté à ses deux fils, encore détenus au château de Saint-Jean à Marseille. La duchesse écrivit à son fils aîné une lettre par laquelle elle le conjurait, dans les termes les plus touchants, de quitter l'Europe et de partir pour le continent américain. Le duc d'Orléans répondit par l'expression d'une prompte déférence aux désirs de sa mère. Il fit voile, en effet, vers la fin de septembre, sur le vaisseau l'*America*, pour Philadelphie, où il arriva le 21 octobre 1796, au bout de 23 jours de traversée.

Le duc de Montpensier et le comte de Beaujolais recueillirent avec transport, de la bouche même du général Willot, envoyé du Directoire, l'avis de leur libération et de leur réunion prochaine à ce frère perdu pour eux depuis tant d'années. Leur amitié ne s'était jamais démentie, et les jeunes princes n'avaient point oublié que, lors de l'abolition du droit d'aînesse, le duc de Chartres s'était applaudi avec effusion d'une loi « qui ne lui ordonnait de faire, dit-il, que ce que son cœur avait déclaré d'avance. » Ils quittèrent Marseille au mois de novembre, mais ils n'abordèrent le sol américain qu'après une longue traversée, et ce ne fut que dans le courant de février

1797, que les trois frères se rejoignirent pour ne plus être séparés.

Ils se trouvaient dans un dénûment dont l'excès même les fit sourire. Mais ils étaient jeunes, libres, sans besoins, insouciants de l'avenir. Toujours avide de lumières et d'impressions nouvelles, Louis–Philippe entraîna sans peine ses frères à l'exploration d'un continent qui leur était inconnu. Tous trois, accompagnés du fidèle Beaudoin, se dirigèrent sur Baltimore, et de là en Virginie, après avoir admiré les chûtes du Potomac. L'illustre ami de La Fayette, le général Washington, qui les attendait dans sa retraite de Mount-Vernon, les combla de marques d'intérêt, et leur remit des lettres de recommandation fort précieuses pour les contrées qu'ils avaient à parcourir. Ils prirent congé de ce grand homme au bout de quelques jours, et visitèrent successivement Winchester, Stanton, Abingdon, Knoxville, Nashville, Louisville, Lexington, Maysville, Lancaster, Zanesville, Wheeling et Pittsburg, où les retint une ou deux semaines la santé déjà chancelante du comte de Beaujolais. Louis-Philippe lui-même fut forcé de s'aliter à Bairdstown, et sa munificence royale reconnut plus tard, par un présent fait à cette ville, les égards empressés dont il y fut l'objet.

Après avoir étudié à sa source même la civilisation américaine, si intéressante à connaître, si difficile à bien apprécier, Louis-Philippe voulut contempler de près quelques scènes de la vie sauvage. A travers de vastes régions inhabitées, couvertes d'immenses forêts ou de frais herbages, il remonta jusqu'aux bords du lac Erié, et se trouva tout-à-coup avec ses frères, au milieu d'une tribu d'Indiens Sénécas. Il réussit par son sang-froid et sa dignité extérieure à maîtriser peu-à-peu les dispositions malveillantes de ces enfants de la nature, et ce séjour des trois augustes voyageurs sous les wigwams des Sénécas ne fut pas l'épisode le moins curieux de leur excursion. Enfin, après avoir payé un juste tribut d'admiration à la prodigieuse cataracte de Niagara, ils franchirent la frontière canadienne, s'arrêtèrent quelques heures au village des Indiens Chippewas, rendirent à Washington une seconde visite, et revinrent à Philadelphie par Tioga et Wilkesbaire, sur la fin de juin 1797. Deux jours après, la fièvre jaune envahit cette ville ; mais telle était, malgré la plus sévère économie, la détresse des trois princes, qu'ils ne purent quitter ce séjour pestilentiel. Au mois de septembre suivant, ils reçurent quelques secours de leur mère qui leur permirent d'entreprendre une nouvelle excursion à New-York, à Boston, à Rhode-Island, et dans les états de Massachussets, de New-Hampshire et du Maine.

Ce fut pendant cette dernière excursion que les augustes exilés apprirent le coup d'état du 18 fructidor, et la loi qui expulsait de France tous les membres de la maison de Bourbon. Atteinte par cette nouvelle proscription, la duchesse douairière d'Orléans avait été forcée d'émigrer en Espagne. Ses trois fils résolurent sur le champ de se rendre auprès d'elle, projet difficile à exécuter à cause de la guerre qui existait alors entre l'Angleterre et la Péninsule. Ils partirent pour la Havane le 10 décembre 1797, et descendirent au milieu des glaces l'Ohio et le Mississipi, jusqu'à la Nouvelle-Orléans, dont le gouverneur et les habitants les traitèrent également bien. Après un séjour de cinq semaines dans cette colonie, où ils attendirent vainement de la Havane une corvette espagnole, les trois voyageurs s'embarquèrent sur un navire américain. En traversant le golfe du Mexique, ils rencontrèrent une frégate anglaise surmontée du pavillon tricolore, qui leur envoya quelques boulets de canon. Un lieutenant de marine vint signifier aux passagers qu'ils étaient prisonniers. Sans perdre, à cette fâcheuse nouvelle, le sang-froid qui lui était propre, le duc d'Orléans déclina son nom

et ceux de ses frères et le but de leur voyage. Le capitaine
Cochrane les reçut à son bord avec courtoisie, et les dirigea
sur l'île de Cuba, où ils débarquèrent le 30 mars 1798.
. Ni l'extrême circonspection de leur conduite, ni la parfaite innocuité d'une vie retirée, ni l'accueil favorable des au-
torités de la Havane ne purent les y soustraire à de nouvelles
persécutions. Un ordre daté d'Aranjuez, le 21 mai 1799,
enjoignit au capitaine général de Cuba de faire reconduire les
trois proscrits à la Nouvelle-Orléans. Mais ils résistèrent à
cette injonction tyrannique, et, jetant les yeux sur l'Angleterre comme sur le seul asile qui leur offrît quelque sécurité, ils
se rendirent aux îles Bahamas, puis à Halifax, où le duc de
Kent, l'un des fils du roi Georges III, leur tendit une main
amie. Ce prince sollicita et reçut du ministère britanique la
permission de faire passer les exilés en Angleterre sur une
frégate anglaise. Les trois princes s'embarquèrent à New-
York sur le *Grantham*, et arrivèrent à Falmouth dans les
derniers jours de janvier 1800. Après avoir demandé un simple *transit* en Angleterre, ils obtinrent l'autorisation d'y fixer
leur résidence, sous la promesse de ne point se mêler au
mouvement politique. Le duc d'Orléans avait déclaré d'ailleurs
son intention formelle de ne jamais porter les armes contre
son pays (1).

Ici s'ouvre une nouvelle phase de la vie si accidentée
de Louis-Philippe. Nous avons vu ce prince livré d'abord
à l'influence exclusive des idées révolutionnaires, partager ensuite son adolescence entre le tumulte des camps
et les loisirs errants de l'exil. Son esprit semblait fermé
jusqu'alors à toute pensée de rapprochement avec les nobles
débris de cette branche aînée des Bourbons dont le séparaient

(1) *Moniteur* du 29 pluviôse an VIII.

tant de souvenirs. L'arrivée de Louis-Philippe en Angleterre, où s'étaient retirés la plupart de ces princes, dût lui inspirer une conduite plus conforme à ses véritables devoirs. Il comprit que sa sécurité, sa considération et même son bien-être personnel dépendaient d'une entière réconciliation avec les frères de l'infortuné Louis XVI. Toutes ses vues se tournèrent dès lors vers ce grand acte, dont le résultat devait être, comme on le verra bientôt, de modifier profondément sa direction politique et le cours de ses destinées.

Le débarquement de ce prince sur le sol anglais avait excité une sensation très marquée. Les émigrés français, répandus en grand nombre à Londres et dans les environs, n'avaient pu se défendre d'un vif sentiment de répulsion. Le nom régicide qu'il portait soulevait une indignation qui ne s'adressait pas toute à la mémoire de son père. Avait-on donc oublié ses encouragements aux premiers excès révolutionnaires, ses rapports avec les sociétés démagogiques, l'appui dévoué que son épée avait prêté à la France républicaine? Venait-il braver l'empire de ces douloureuses réminiscences, si vivaces encore dans les cœurs qui les avaient recueillies? Venait-il détourner à son profit la contre-révolution que la faiblesse du Directoire français rendait imminente, et conspirer contre la république, après avoir conspiré contre la monarchie de Louis XVI?

A ces répulsions, à ces défiances, le duc d'Orléans répondit par une existence modeste et retirée. Il s'établit avec ses deux frères à Twickenham, dans le comté de Middesex, à seize milles de Londres, et y vécut en simple particulier, parlant peu politique, poli envers tous, mais évitant toute affectation de popularité. Ce fut le premier usage qu'il fit de cette circonspection remarquable de langage et de manières qui constitua plus tard le trait dominant de son caractère.

Cette réserve parut sincère au comte d'Artois, esprit léger, mais franc et ouvert, plus disposé à croire au bien qu'au mal. Consulté par le ministre Pitt sur l'autorisation de résidence sollicitée par les fils d'Orléans, ce prince, fidèle sans doute au souvenir de ses liaisons d'enfance avec le duc de Chartres, avait refusé de se prononcer (1). Louis-Philippe lui ayant fait exprimer le désir de se rapprocher de lui, le frère de Louis XVI l'invita à venir à son hôtel de Welbeck-Street. A des reproches trop mérités sur ses erreurs passées, le duc d'Orléans opposa l'excuse de son âge et des fâcheux exemples qu'il avait eus sous les yeux. Il protesta de son vif désir de rentrer en grâce auprès du chef de la maison de Bourbon, et se déclara prêt à répandre son sang pour gage de sa fidélité.

Le comte d'Artois se fit avec empressement le négociateur de cette réconciliation. Sous ses auspices, Louis-Philippe écrivit à Louis XVIII, alors retiré à Mittau, et implora son pardon avec repentir et respect. Ses avances, froidement accueillies d'abord, triomphèrent par la médiation de sa vertueuse mère. « Cette princesse, écrivait Louis XVIII, a été trop grande dans ses malheurs pour recevoir de ma part une nouvelle atteinte qui aurait porté le désespoir et la mort dans son cœur. J'ai accueilli avec sensibilité les larmes de la mère, les aveux et la soumission d'un jeune prince que son peu d'expérience avait livré aux suggestions coupables d'un père monstrueusement criminel » (2).

(1) *Moniteur* du 16 pluviôse an VIII.

(2) Plusieurs historiens et chroniqueurs ont transformé cette simple correspondance du duc d'Orléans avec Louis XVIII en une entrevue plus ou moins mystérieuse qui aurait eu lieu à Mittau, et M. de Vaulabelle, dans son *Histoire des deux Restaurations* (t. I, p. 113), va jusqu'à en fixer la date au 27 juin 1799. A cette époque, le chef de la branche cadette, comme on l'a vu plus haut, n'était point encore de retour sur le continent européen. Des informations recueillies aux sources les plus directes m'ont procuré la certitude que le duc d'Orléans n'était jamais allé à Mittau.

La réconciliation du duc d'Orléans avec les frères de
Louis XVI abaissa les barrières qui le séparaient depuis tant
d'années des princes de la grande famille européenne. Tout
parut effacé par les paroles de clémence et d'oubli que l'auguste chef de la maison de Bourbon avait fait entendre.
Louis-Philippe fut présenté par Pitt au roi Georges III, qui le
reçut dans un grand lever tenu spécialement à cette occasion.
Les autres membres de la branche aînée, et particulièrement
le duc de Berri, affectèrent de traiter ce prince et ses frères
avec une expansive cordialité, et cet accueil dissipa insensiblement les préventions malveillantes que l'émigration, et,
à son exemple, quelques membres de la haute aristocratie
anglaise, avaient conçues contre eux. Enfin, le duc d'Orléans
et ses frères furent compris pour une somme annuelle de
deux mille livres sterling dans la répartition des secours ac-
cordés par le gouvernement britannique aux princes exilés :
avantage qui dut leur sembler précieux eu égard à l'état de
dénûment où ils se trouvaient réduits.

Les trois princes essayèrent alors de réaliser le projet qu'ils
avaient formé d'aller visiter leur mère en Espagne. Ils s'embarquèrent pour Minorque sur une frégate que le ministère
anglais mit à leur disposition, et réussirent à aborder sur les
côtes de la Péninsule. Mais le cabinet espagnol envisagea
avec défiance, malgré son innocuité réelle, une démarche
entreprise sous les auspices d'un gouvernement ennemi, et
les exilés, déçus dans leur espoir, se virent forcés de revenir
à Twickenham attendre des circonstances plus favorables.

La conduite du duc d'Orléans ne démentait point, il faut
le reconnaître, ses protestations de retour aux principes de
la légitimité. Le 23 avril 1803, il adhérait par sa signature,
de concert avec les autres princes de la maison de Bourbon,
à la réponse noblement négative de Louis XVIII aux propositions de Napoléon Bouaparte qui lui avait fait offrir la

principauté de Lucques, en échange de ses prétentions au
trône de France. Cette adhésion mémorable se terminait ainsi:
« Si l'injuste emploi d'une force majeure parvenait, ce qu'à
Dieu ne plaise, à placer de fait et jamais de droit sur le
trône de France toute autre que notre roi légitime, nous
suivrions avec autant de confiance que de fidélité la voix de
l'honneur qui nous prescrit d'en appeler jusqu'à notre dernier soupir à Dieu, aux Français et à notre épée. »

Une affreuse catastrophe, l'assassinat juridique du duc
d'Enghien, qui eut lieu l'année suivante, mit le duc d'Orléans à même de faire éclater son aversion pour le soldat
heureux qui, *du corps sanglant d'un Français, s'était fait
un marchepied au trône de France* (1). « L'usurpateur corse,
écrivait-il à cette occasion à l'évêque de Landaff, ne sera jamais tranquille, tant qu'il n'aura pas effacé notre famille entière de la liste des vivants (2). »

Mais ces manifestations n'étaient que le prélude des gages
plus directs que ce prince, suivant avec ardeur la voie nouvelle
où il était entré, devait bientôt offrir à l'esprit contre-révolutionnaire.

Le bonheur paisible dont il jouissait dans sa retraite de
Twickenham fut troublé par la perte du duc de Montpensier, son frère, qui mourut à Salthill près de Windsor, le
18 mai 1807, d'une maladie de poitrine. Louis-Philippe le
fit enterrer avec honneur à Westminster, où, quelques années
plus tard, ses soins lui érigèrent un mausolée. A cette époque,
la santé du comte de Beaujolais, altérée par une affection
analogue, commença à inspirer de sérieuses inquiétudes. Les
médecins lui conseillèrent une température plus douce que
celle de la brumeuse Albion. La guerre ne laissait d'alternative

(1) Châteaubriand.
(2) Lettre du 28 juillet 1804.

qu'entre Madère et Malte ; les deux frères partirent pour cette
dernière île au mois de mai 1803. Mais le climat ayant été
jugé pernicieux pour le malade , le duc d'Orléans écrivit au
roi des Deux-Siciles , Ferdinand IV, pour obtenir la permission de faire transporter son frère sur le Mont-Etna. Le
jeune prince succomba avant la réponse du roi. Pressé de se
dérober à un déchirant spectacle et voulant en quelque sorte
fuir sa douleur, Louis-Philippe partit pour Messine, où il
reçut de son royal parent une missive conçue dans les termes
les plus honorables. Elle contenait l'invitation de venir le
voir en Sicile. Ce gracieux appel devait fixer la destinée jusqu'alors si errante, si agitée du duc d'Orléans.

Arrivé à Palerme, où se tenait alors la cour Napolitaine,
le duc vit et distingua la princesse Marie-Amélie , seconde
fille du roi , alors âgée de 16 ans , et dont les grâces nais-
santes étaient tempérées déjà par une imposante dignité.
Louis-Philippe se sentit naturellement porté à rechercher
une alliance qui, par l'illustration européenne des deux mai-
sons qu'elle représentait (1), le replaçait avec éclat au rang
d'où ses premières déviations politiques l'avaient fait déchoir.
Mais il avait à triompher de graves et nombreux obstacles.
Porteur d'un nom justement en effroi à toutes les cours de
l'Europe, sa conversion récente aux idées monarchiques pouvait passer pour suspecte ou intéressée ; il était pauvre et
sans avenir. Ces objections , affaiblies par les exhortations
pressantes de la duchesse douairière d'Orléans, sa mère , et
du chef même de la maison de Bourbon , furent définitivement écartées par l'influence de la reine Caroline, à qui avait
plu l'illustre exilé , et le mariage fut décidé. Mais la célé-

(1) Ferdinand de Bourbon , roi des Deux-Siciles, avait épousé l'archidu-
chesse Marie-Caroline , fille de l'illustre Marie-Thérèse et de l'empereur
François Ier.

26

bration devait en être différée par des circonstances politi-
tiques longtemps ignorées ou mal connues, circonstances où
le duc d'Orléans remplit un rôle assez important pour que
nous croyions devoir les exposer avec quelque détail.

Maître nominal de la péninsule espagnole, Napoléon
voyait décroître chaque jour par l'insurrection la domination qu'il avait usurpée par l'intrigue et la violence. La
junte de Séville, levant hautement l'étendard de la révolte,
venait de conclure avec l'Angleterre un traité de subsides en
hommes et en argent. La levée du siége de Sarragosse et la
désastreuse capitulation de Baylen avaient eu lieu. Ces premiers succès obtenus sur une puissance réputée jusqu'alors
invulnérable, ranimèrent l'espoir dans toutes les vieilles mo-
narchies de l'Europe, et la cour de Sicile ne fut pas la dernière à partager ce sentiment. Cédant à des instigations fa-
vorisées par le mobile actif d'une ambition personnelle, le
duc d'Orléans expédia à Séville un serviteur dévoué, le cheva-
valier de Broval, qui, attaché à lui pendant sa première éducation, l'avait récemment rejoint en Angleterre. Cet agent
fut chargé de s'aboucher avec les principaux chefs de la
junte, et de négocier pour son maître la promesse d'une position militaire conforme à son rang et à ses antécédents. Ces
négociations, entreprises dans le plus grand secret, furent
activement secondées par les efforts de William Drummond,
envoyé britannique à Palerme, de don Mariano Carnerero,
commis de la secrétairerie du conseil (1), et d'un sicilien appelé Robertoni, qui se rendit à Gilbratar pour faire sortir
de ce courant d'intrigues, s'il se pouvait, quelque solution
favorable à son gouvernement.

(1) *Histoire de la guerre et de la Révol. d'Espagne, de* 1805 à 1814, par le
comte de Toreno.

Une indiscrétion devenue célèbre a livré à la publicité quelques-unes des lettres que Louis-Philippe écrivait dans l'attente du succès de ces négociations. Ces lettres peignent au vif les sentiments dont il était alors animé. La répulsion profonde que lui inspire la domiration impériale s'étend jusqu'à la France elle-même. Il y parle avec une emphase passionnée des forces coalisées, et forme les vœux les plus ardents pour la destruction de l'armée française. Il va jusqu'à donner des conseils à la coalition pour hâter la chûte de Napoléon, et c'est avec une sorte d'affectation qu'il s'y proclame Anglais *par besoin et par principes.* Si la grande expédition anglaise, y dit-il, veut prendre avec elle le roi de Sardaigne et lui-même, *on lui fera grand plaisir.* Comment enfin douter des vues ambitieuses qu'il portait sur les côtes d'Espagne, quand on le voit briguer à la même époque le commandement d'une expédition destinée contre 'es îles Ioniennes, alors occupées par les Français, et ajouter : « La reine m'a dit : La place est vide, mettez-vous-y, et je lui ai dit : « Je m'y mettrais bien, mais il faut qu'on veuille bien m'y laisser mettre » (1) !

Les velléités belliqueuses de Louis-Philippe rencontraient en Angleterre un précieux appui dans l'inébranlable dévoûment d'un vieux débris de nos armées, de ce général Dumouriez, le régulateur et le témoin de ses premiers exploits. Presque septuagénaire, mais conservant encore tout le feu du jeune âge dans un corps usé par le travail et l'intrigue, il brûlait du désir de reparaître avec éclat sur la scène du monde. Dumouriez avait sans succès offert ses services aux cours de Saint-Pétersbourg et de Berlin. Ses vues se tournèrent alors sur l'Espagne, qui refusa de l'accueillir personnellement, mais qui adopta avec empressement quelques-uns de ses conseils stratégiques. Dumouriez persuada au gouverne-

(1) Lettre du 17 avril 18c8.

ment anglais la nécessité d'imprimer une nouvelle impulsion à la guerre ibérique en étendant les pouvoirs de la junte centrale, et s'empressa de désigner à son attention le duc d'Orléans, soit comme un prince habile, soit comme un principe et une espérance. Il n'était pas jusqu'à son nom de Bourbon qui ne lui parût un titre au succès dans un pays attaché de tout temps à cette dynastie. Louis-Philippe, durant son séjour en Angleterre, avait entretenu des relations avec les principaux membres du parti whig, avec le prince de Galles, depuis Georges IV, autrefois l'ami de son père, avec lord Grey, l'un des plus brillants orateurs de l'opposition, et s'était fait généralement remarquer par la sagacité de son esprit. Ces hautes amitiés ne demeurèrent point stériles. M. Canning, alors secrétaire d'Etat des affaires étrangères, prêta l'oreille aux insinuations de Dumouriez par le désir de donner à la Péninsule un régent placé sous l'influence anglaise, et favorisa les menées de Broval à l'insu de lord Castlereagh et des autres membres du cabinet.

Ces encouragements déterminèrent Louis-Philippe à se rendre en Espagne. Quelques jours avant de partir, le 19 juillet 1808, il écrivit de Palerme à Louis XVIII, pour solliciter son autorisation. Les aspirations contre-révolutionnaires de Louis-Philippe se retrouvent avec toute leur vivacité dans cette lettre (1) à laquelle j'emprunte les fragments qui suivent :

« Me trouvant en ce moment à la cour de LL. MM. siciliennes, je me suis empressé de profiter de cette occasion inattendue pour sortir de la pénible inaction à laquelle nous sommes réduits depuis si longtemps. J'ai demandé à être admis à l'honneur de servir dans les armées espagnoles contre

(1) La publicité de ce document est très-récente. Il a paru pour la première fois dans le n° de la *Sentinelle de l'Armée* du 18 juin 1848.

Buonaparte et ses satellites, et LL. MM. ont daigné me l'accorder. Je sens que j'aurais dû préalablement en solliciter l'agrément de V. M. , mais j'ai pensé qu'il ne pouvait être douteux. Je me suis flatté que mon zèle serait mon excuse, et que vous sentiriez, sire, que je n'aurais pas pu l'attendre sans laisser échapper une de ces occasions uniques qu'en général on cherche inutilement à faire renaître, quand on a eu le malheur de les manquer.

Je suis comblé des bontés de LL. MM. siciliennes, et les expressions me manquent pour exprimer la reconnaissance dont elles me pénètrent. On a cherché à m'entraver et à paralyser mon zèle en s'efforçant d'insinuer des soupçons injurieux à mon caractère dans l'esprit de LL. MM. La reine a daigné m'en instruire avec la franchise la plus noble, et il ne m'a pas été difficile d'en effacer jusqu'à la moindre trace, car la grande âme de S. M. sait triompher de ses préventions, quand elle s'aperçoit qu'elles sont sans fondement... Sire, puissé-je avoir bientôt le bonheur de combattre vos ennemis ! Puissé-je avoir le bonheur plus grand encore de participer à les faire rentrer sous le gouvernement paternel, sous la protection tutélaire de V. M. !... Nous ne pouvons pas pénétrer les décrets de la Providence et connaître le sort qui nous attend en Espagne ; mais je ne vois qu'une alternative, ou l'Espagne succombera, ou son triomphe entraînera la chute de Buonaparte. Je ne serai qu'un militaire espagnol tant que les circonstances ne seront pas de nature à déployer avec avantage l'étendard de V. M. ; mais nous ne manquerons pas l'occasion, et si, avant que j'aie pu recevoir ses ordres et ses instructions, nous pouvions déterminer l'armée de Murat ou celle de Junct à tourner leurs armes contre l'usurpateur, si nous pouvions franchir les Pyrénées et pénétrer en France, ce ne sera jamais qu'au nom de V. M. proclamée à la face de l'univers et de manière à ce que, quelque soit notre sort, on puisse toujours graver sur nos tombes: *Ils ont péri pour leur roi, et pour délivrer l'Europe de toutes les usurpations dont elle est souillée.* »

A cette dépêche était jointe la copie d'une lettre que le duc d'Orléans avait écrite le 6 juillet à la reine Caroline de Naples. Le morceau suivant, qui en fait partie, contient une profession de sentiments politiques à laquelle la conduite postérieure de l'auguste correspondant donne un intérêt tout-à-fait historique :

« Je suis lié, Madame, au roi de France mon aîné et mon maître, par tous les serments qui peuvent lier un homme, par tous les devoirs qui peuvent lier un prince. Je ne le suis pas moins par le sentiment de ce que je me dois à moi-même, que par ma manière d'envisager ma position, mes intérêts, et par le genre d'ambition dont je suis animé. Je ne ferai point ici de vaines protestations ; mon objet est pur, mes expressions seront simples. Jamais je ne porterai de couronne tant que le droit de ma naissance et l'ordre de succession ne m'y appelleront pas ; jamais je ne me souillerai en m'appropriant ce qui appartient légitimement à un autre prince. Je me croirais avili, dégradé, en m'abaissant à devenir le successeur de Buonaparte, en me plaçant dans une situation que je méprise, que je ne pourrais atteindre que par le parjure le plus scandaleux, et où je ne pourrais espérer de me maintenir quelque temps que par la scélératesse et la perfidie dont il nous a donné tant d'exemples. Mon ambition est d'un autre genre. J'aspire à l'honneur de participer au renversement de son empire, à celui d'être un des instruments dont la Providence se servira pour en délivrer l'espèce humaine, pour rétablir sur le trône de nos ancêtres le roi mon aîné et mon maître, et pour replacer sur leurs trônes tous les souverains qu'il en a dépossédés... J'aspire peut-être plus encore à l'honneur de montrer au monde que

quand on est ce que je suis, on dédaigne, on méprise l'usurpation, et qu'il n'y a que des parvenus sans naissance et sans
âme, qui s'emparent de ce que les circonstances peuvent mettre à leur portée. »

Louis-Philippe partit de Palerme pour Gibraltar sur le
vaisseau anglais le *Thunder*, avec le prince Léopold de Salerne , son futur beau-frère. Ce dernier était spécialement
chargé de proposer à la junte de Séville le roi des Deux-Siciles pour régent du royaume, jusqu'à la délivrance de son
neveu Ferdinand VII. Les princes s'étaient fait précéder
d'une lettre de l'ambassadeur anglais en Sicile à sir Hew
Dalrymple, gouverneur de Gibraltar, annonçant que don
Léopold et son cousin se présentaient en Espagne *comme
soldats* « et qu'ils accepteraient ensuite telle situation qui serait jugée convenable à leur illustre rang. » Mais les événements survenus récemment dans la Péninsule avaient modifié la tournure des négociations. A la suite de la journée
d'Orcana , les Français étaient entrés dans l'Andalousie , et
cette invasion avait changé la face de la guerre. Le gouverneur de Gibraltar , de son côté, soit par une inspiration
spontanée , soit par l'effet de quelque insinuation secrète ,
avait pris ombrage des prétentions des deux princes et de la
suprématie que la junte de Séville semblait s'être attribuée
en cette circonstance. La surprise de ceux-ci fut grande
quand, à leur débarquement à Gibraltar , le 9 août 1808,
avec un nombreux cortége d officiers et de domestiques , sir
Hew Dalrymple leur déclara qu'il ne les laisserait point pénétrer en Espagne. Cette résolution , motivée sur le mauvais
effet que leur démarche pourrait y produire dans un moment où l'installation d'un gouvernement central était jugée
nécessaire (1) , parut irrévocable , et il fallut y souscrire. Le

(1) Lettre de H. Dalrymple à lord Castlereagh, 10 août 1808.

prince Léopold fut retenu momentanément à Gibraltar, et Louis–Philippe, admis comme *simple hôte*, obtint à grand-peine la permission d'attendre pendant quelques jours le résultat des démarches de Broval. Ces démarches ayant définitivement échoué, le duc d'Orléans fut conduit en Angleterre sur le même vaisseau qui l'avait amené.

Son premier soin, en arrivant à Londres, fut de se plaindre au gouvernement anglais du procédé dont on venait d'user à son égard; mais ce fut vainement (1). Il sollicita sans plus de succès la permission d'aller voir sa mère, malade à Figuières; la frégate sur laquelle il obtint de retourner en Sicile, eut ordre de ne point le laisser approcher des côtes d'Espagne. Il se rembarquait à Portsmouth, lorsqu'il fut rejoint par la princesse Adélaïde, sa sœur, qui, expulsée de son dernier asile par l'approche des Français, l'avait cherché inutilement, tant à Malte qu'à Gibraltar. Cette réunion, qui subsista presque sans interruption jusqu'à la mort, apporta un soulagement précieux à la blessure que son amour-propre venait de recevoir. Vers la même époque, la susceptibilité britannique et la résistance du czar Alexandre, lié avec Napoléon par le traité de Tilsitt, faisaient avorter une tentative analogue de l'Autriche, qui rêvait la restauration de l'empire de Charles-Quint par l'envoi en Espagne de l'archiduc Charles, frère de l'empereur.

La déconvenue de Louis–Philippe avait ranimé à la cour de Palerme certaines préventions ombrageuses qu'il eut quelque peine à dissiper. Sa tentative en Espagne, si répréhensible d'ailleurs sous le point de vue patriotique, impliquait un esprit d'intrigue et des vues ambitieuses qu'il était facile à la malveillance de rattacher à un passé compromis.

(1) Lord Castlereagh avait approuvé sans restriction la conduite du gouverneur de Gibraltar, dans une lettre du 4 novembre 1808.

L'insuccès de sa démarche n'avait point affaibli d'ailleurs sa prédilection pour le peuple anglais, et sembla avoir exalté encore sa haine pour la France impériale. « Il paraît, mandait-il de Cagliari, le 20 mai 1809, que Soult se trouve dans une situation fâcheuse, et qu'il est pressé par La Romana et le général Craddock. *J'espère qu'ils vont être écrasés en Espagne...* Il y a en Espagne, à Naples, en Dalmatie, des armées françaises qui vont se trouver, *je l'espère du moins*, dans des positions désastreuses. » Cet échec n'avait pas amorti non plus son immense besoin d'action et de renommée. « Perché sur le rocher de Cagliari, écrivait-il à la même époque, ignorant si on désire que je fasse quelque chose, ignorant encore plus ce qu'on voudrait que je fisse, je suis ici comme Tantale et affamé comme lui, quoique ce soit d'autre chose. »

Ces sentiments parvinrent à surmonter les méfiances de la cour de Naples, et le mariage de Louis-Philippe avec la princesse Marie-Amélie fut célébré le 25 novembre 1809 dans la vieille chapelle normande du Palazzo-Reale, en présence de sa sœur et de sa respectable mère, qu'il était allé chercher lui-même à Mahon. « La vieille duchesse est une femme charmante, écrivait l'ambassadeur anglais Collingwood, et elle semble avoir oublié tous ses malheurs en voyant le choix qu'a fait son fils. » C'étaient les premières satisfactions qu'eût goûtées depuis bien des années cette vertueuse princesse, destinée à survivre à deux de ses fils sans avoir pu les embrasser !

Les douceurs de l'hyménée ne firent pas longtemps négliger au duc d'Orléans les intérêts de son ambition. L'infatigable Dumouriez entra en rapport direct avec sir Arthur Wellesley, depuis lord Wellington, à qui ses premiers succès militaires avaient fait attribuer la haute direction des opérations dans la Péninsule, et lui parla du duc d'Orléans comme du seul homme « qui pût donner *un sens politique* à

la guerre. » Il crut avoir agi avec assez d'efficacité sur son
esprit pour engager son auguste protégé à de nouvelles tentatives. Louis-Philippe, de son côté, ouvrit des négociations
avec le ministre espagnol à Palerme, et ce dernier se mit en
relation avec la régence établie dans l'île de Léon, sous les
auspices du général Castanos. Il fit à ce général un pompeux
éloge des talents du duc d'Orléans, et lui dépeignit l'influence
puissante qu'il pourrait exercer sur la marche de la guerre.
Il insinua que le prince n'était pas sans espoir de détacher
de la cause impérialiste un certain nombre de généraux
de l'armée du Rhin et de Sambre-et-Meuse, qu'il avait
connus dans la campagne de 1792. Ces instigations produisi-
rent leur effet. Au mois de mars 1810, le conseil suprême
de régence d'Espagne écrivit au roi des Deux-Siciles pour
exprimer le désir qu'un prince de sa maison « voulût bien
commander l'armée espagnole, en vue de fomenter l'insurrection dans l'intérieur de la France et d'arracher le diadème
ensanglanté du front de son oppresseur. » La lettre dési-
gnait comme le personnage le plus propre à cette mission
le duc d'Orléans, » prince renommé par ses actions militaires et ses connaissances. » Une lettre jointe à celle-ci et
adressée au duc d'Orléans par le même conseil, rappelait le
désir déjà manifesté par ce prince « de combattre dans les
armées espagnoles et de défendre la cause de son auguste
famille, désir contrarié jusqu'à ce moment *par des circonstances imprévues,* » et offrait au duc le commandement d'une
armée en Catalogne. Louis-Philippe répondit le 7 mai suivant par une acceptation formelle, et déclara qu'en cette
circonstance il « remplissait non-seulement ce que son honneur et son inclination lui dictaient, mais qu'il se confor-
mait aux désirs de LL. MM. siciliennes et des princes ses
beaux-frères, si éminemment *intéressés* aux succès de l'Espagne contre le tyran qui avait voulu ravir tous ses droits à

l'auguste maison dont il avait l'honneur d'être issu. »

Peu de jours après, le 21 mai 1810, le duc d'Orléans s'embarqua pour la Catalogne sur la *Venganza*, accompagné du fidèle Broval et du colonel Saluzzo, que le roi son beau-père avait mis à sa disposition. Il relâcha à Malte et y prépara une proclamation qui appelait « tous les véritables Français, ainsi que les Espagnols à se rallier autour de l'étendard levé par un Bourbon pour le renversement de la tyrannique usurpation qui opprimait les deux peuples (1). » Cette proclamation devait être publiée au débarquement du prince sur les côtes d'Espagne. Mais ici l'attendaient des déceptions non moins cuisantes que celles qu'il avait rencontrées à Gilbraltar. A son arrivée à Tarragone, dont les habitants le reçurent avec beaucoup d'empressement, le gouverneur espagnol se présente et lui signifie qu'il n'est pas autorisé à lui remettre le commandement. Louis-Philippe démêle sans peine dans ce changement subit l'effet de l'influence anglaise, déjà si fatale à ses premières prétentions. Il quitte à regret Tarragone et, sachant que la junte centrale s'était retirée à Cadix, il fait voile pour cette ville où il est entouré d'égards et de déférences. Mais de nouveaux obstacles se dressent devant lui. La gravité des circonstances avait déterminé la convocation des Cortès, et la junte, dont il tenait ses pouvoirs, était désormais sans existence légale. Le prince attend patiemment la réunion des Cortès, auxquels il adresse un exposé de sa conduite. Le 30 septembre, il se présente au palais de l'assemblée et demande à être entendu. L'assemblée refuse de l'admettre à la séance, mais une députation est nommée pour conférer avec lui. Cette députation détermine enfin le duc d'Orléans à s'éloigner en lui faisant connaître que le ministère anglais a menacé les Cortès, en cas de persistance, du retrait immédiat

(1) *Annals of the Peninsular Campaigns, etc.*

de ses troupes. Castanos , à qui il avait supposé des inten--
tions si favorables, se montre le plus disposé à faire exécuter
rigoureusement l'expulsion ordonnée (1). Le prince se rem-
barqua le 3 octobre pour la Sicile, après avoir déployé une
constance digne d'un but plus patriotique.

Louis-Philippe goûta à son retour à Palerme, les premières
joies de la paternité. La duchesse d'Orléans était accouchée
le 2 septembre 1810 de ce jeune prince qui, trente-deux
ans plus tard, devait périr aux portes de Paris victime de
la plus déplorable catastrophe.

Les représentations secrètes de Louis XVIII au prince régent d'Angleterre ne furent pas étrangères, dit-on, à ce nouvel acte de répulsion du gouvernement britannique. Cette opposition s'explique naturellement par l'ombrage qu'avaient fait
naître dans l'esprit du prévoyant monarque, les velléités ambitieuses du duc d'Orléans. On prétend aussi que Louis-Philippe
se plaignit avec chaleur à l'auguste exilé de la conduite du
ministère anglais. Quoi qu'il en soit, elle donna lieu à une
correspondance vive et curieuse entre Wellington et Dumouriez. Ce dernier, dans son infatuation pour son ancien lieutenant, qualifia de *faute immense* l'intrigue qui l'avait écarté,
et n'hésita pas à attribuer à cette faute la prise des villes de
Tarragone et de Tortose. Lord Wellington répondit qu'il
rendait personnellement hommage aux qualités et aux sentiments du prince, mais que son entourage, qui n'avait ni sa
prudence ni son habileté, lui avait fait tort en le désignant
indiscrètement comme le futur régent de l'Espagne. « Le
prince, disait-il en terminant, croit que tout ce qui lui est
arrivé a été produit par les intrigues des Anglais ; mais je déclare que si j'avais voulu perdre le duc d'Orléans en Espagne,
j'aurais été satisfait de le laisser suivre la voie dans laquelle

(1) Lettre de Wellington à Dumouriez, 3 février 1813.

il était malencontreusement entre (1). » Dumouriez répliqua
le 2 mars 1813, en demandant au lord d'autoriser le prince
à entrer *comme simple volontaire* dans le corps d'Anglais destiné à franchir les frontières du Béarn, ne doutant pas, disait-
il, que sa présence ne fît une grande sensation dans le midi
de la France et ne favorisât l'insurrection générale en faveur
des Bourbons : « Le duc d'Orléans, concluait Dumouriez,
est dans vos mains un instrument dont l'emploi dirigé par
votre génie vous donnera des avantages incalculables. »

Cette proposition ne reçut, à ce qu'il paraît, aucune suite
de la part du général anglais, et Louis–Philippe parut définitivement condamné à ce rôle d'expectative et de patience
qui pesait si cruellement à son inquiète activité.

Mais le temps approchait où la chûte de l'Empire et la
restauration du trône des Bourbons lui permettraient enfin de
reparaître sur le sol français. Ce prince aspirait plus vivement que jamais à quitter la Sicile, alors en proie à d'affreuses
divisions. Ces divisions étaient fomentées par le parti anglais
qui, depuis le départ de la reine Caroline, régnait sans obstacle sur ce malheureux pays, et Louis–Philippe avait essayé
vainement d'y mettre un terme par la sagesse de ses conseils
et l'emploi d'une popularité justement acquise. On peut ju-
ger de l'ardeur de ses vœux par ce fragment d'une lettre
qu'il écrivait à Louis XVIII, dans sa retraite d'Hartwell, au
mois de février 1814, à ce moment où tout semblait se préparer pour un changement décisif : « Que ce qui se passe
maintenant, y disait-il, est admirable ! que je suis heureux
du succès de la coalition ! Il est temps qu'on achève la
ruine de la révolution et des révolutionnaires ! Mon vif regret est que le roi ne m'ait pas autorisé, selon mon désir,
d'aller demander du service aux souverains ; je voudrais, en

(1) Lettre du 13 février 1813.

retour de mes erreurs, contribuer de ma personne à ouvrir
au roi le chemin de Paris : mes vœux du moins hâtent la
chûte de Buonaparte que je hais autant que je le méprise. »
Ici, s'offre un rapprochement que l'histoire ne saurait
négliger sans injustice. Tandis que, de plus en plus infidèle
à ses souvenirs patriotiques, le soldat de Jemmapes ap-
plaudissait ainsi aux succès de la coalition qui deux fois
avait dédaigné ses services, quelle était la conduite du chef
de cette branche aînée des Bourbons qu'on a si souvent, si
exclusivement accusée de s'être réjouie des revers de la France ?
La cité de Londres célébrait alors par une fête solennelle
les victoires des alliés, et Louis XVIII était instamment convié
à y assister. Voici dans quels termes pleins de noblesse ce
prince motivait son refus : « J'ignore, répondit-il, si le désastre de l'armée française est un des moyens que la Providence, dont les vues sont impénétrables, veut employer pour
rétablir en France l'autorité légitime ; mais ni moi, ni aucun prince de ma famille ne pouvons nous réjouir d'un évènement qui a causé la mort de deux cent mille Français. »
Ce langage n'était pas sans doute exempt d'appareil ; mais
il témoigne du moins que le proscrit d'Hartwell n'abdiquait
jamais, même en présence des évènements les plus propres
à émouvoir ses espérances, cette dignité extérieure, cette
convenance toute française qui furent les vertus de son exil,
et qui sont demeurées son plus beau titre à l'intérêt et à
l'estime de la postérité.

Ce fut le 22 avril 1814 que le duc d'Orléans, en entrant
dans l'Hôtel de la Marine à Palerme, apprit de la bouche
même de l'ambassadeur anglais, la déchéance de Napoléon et
l'appel de Louis XVIII au trône de France. Il partit aussitôt
pour Paris, où il arriva le 18 mai.

DEUXIÉME PARTIE.

Louis XVIII accueillit le duc d'Orléans sans empressement, mais avec convenance, et même avec grâce. Il voulut que ce prince eût une part immédiate aux faveurs accordées à tous les membres de la famille royale. « Mon cousin, lui dit-il, vous étiez lieutenant-général il y a vingt-cinq ans : je vous rends votre grade avec vingt-cinq ans de service. » Le roi lui conféra en outre le titre de colonel-général des hussards. Un bienfait plus important encore fut la restitution de l'immense apanage qui avait été concédé par Louis XIV au chef de la maison d'Orléans, et dont elle s'était vu dépouiller par une des premières lois de l'Assemblée constituante. Cette restitution fut prescrite par Louis XVIII, le 20 mai 1814, deux jours après l'arrivée du duc d'Orléans à Paris, mais par une simple ordonnance royale; titre dont le caractère précaire et révocable, exprimait assez la prudence ombrageuse du vieux monarque. Le duc d'Orléans se montra néanmoins fort sensible à cette faveur, et renouvela avec effusion à Louis XVIII ses protestations d'attachement et de fidélité. Les princes de la famille royale renouèrent avec Louis-Philippe des rapports affectueux, et la fille de Louis XVI elle-même parut faire violence aux ressouvenirs douloureux que son aspect dut réveiller en elle.

Ce prince, accompagné des colonels Athalin et Sainte-Aldegonde, qu'il s'était attachés en qualité d'aides-de-camp, partit le 13 juin pour Londres, où se trouvaient encore l'empereur de Russie et le roi de Prusse. Il fit part à ces souverains des réclamations du roi Ferdinand, son beau-père, qui se plaignait d'avoir été omis dans le traité de Paris, et chercha à intéresser à sa cause le prince régent, chef de ce gouvernement anglais dont les instigations belliqueuses lui avaient coûté la perte de son royaume de Naples. Après cette démarche, qui n'amena aucun résultat (1), Louis-Philippe alla chercher en Sicile sa femme, sa sœur et son jeune fils qu'il y avait laissés, et les ramena sur le sol français.

La présence du duc d'Orléans avait été peu remarquée à Paris, au milieu de l'enthousiasme vif et universel qui avait salué le retour des Bourbons. Mais ces premiers empressements, toujours si éphémères parmi nous, ne tardèrent pas à se calmer ; les difficultés d'une fusion entre la France de l'émigration et la France nouvelle se manifestèrent de toutes parts : l'impossibilité de satisfaire toutes les prétentions personnelles engendra de nombreux mécontentements. Insensiblement, la défiance et la désaffection, entretenues par un pouvoir inhabile et mal éclairé, succédèrent à l'enchantement et à l'espérance ; les bienfaits de la rénovation politique la

(1) Ferdinand IV ne fut rétabli sur le trône des Deux-Siciles qu'au mois de juin 1815.

plus heureuse et la plus inespérée, furent oubliés en quelques
mois. Ce fut alors que les regards commencèrent à se tourner vers le duc d'Orléans (1). Ce prince, il faut le reconnaître, se recommandait à plusieurs égards à l'attention publique. La politesse exquise et même obséquieuse de ses manières , l'intérêt de sa conversation, nourrie par le spectacle
des plus grands évènements contemporains et des scènes les
plus variées de la nature, la facilité un peu prosaïque de son
esprit, l'élégance de sa tournure , que rehaussait le brillant uniforme de colonel-général , le signalaient à la multitude , toujours prompte à se laisser séduire par le pres-
tige des avantages extérieurs. Le parti révolutionnaire qui,
longtemps courbé sous le sceptre viril de Napoléon, renaissait
aux premiers rayons de la liberté constitutionnelle , voyait
avec intérêt en lui le clubiste de 1791 et le guerrier qui
avait dévoué ses jeunes efforts au service de la cause républicaine. Les espérances de ce parti en vinrent bientôt à se
formuler en complots. Des propositions plus ou moins directes furent portées dès cette époque au prince, qui se fit un
devoir et un mérite de les repousser. Son instinct politique
lui disait assez que le moment n'était point venu pour lui de
songer à la couronne. Il affectait de se concentrer dans le
plus modeste isolement. Sa résistance, devenue proverbiale

(1) Les symptômes de cette direction politique avaient été devinés dès le
principe par la pénétration de M. de Talleyrand. Pendant le dernier voyage du
duc d'Orléans en Sicile, ce ministre dit un jour à Louis XVIII; « Votre Majesté permet-elle que M. le duc d'Orléans revienne bientôt de Palerme? —
Sans doute, répondit le roi, son Altesse sera de retour avant un mois. —
Votre Majesté pense-t-elle que l'air de la France soit aussi bon à son Altesse,
que l'air des Deux-Siciles? — Mon cousin est revenu en effet en très-bonne
santé, mais je ne pense pas que l'air de Paris fasse maigrir. » M. de Talleyrand vit qu'on ne voulait pas le comprendre , et se tut. Ce fut à Louis-
Philippe lui-même qu'il raconta, après 1830, cette particularité.

parmi les mécontents, avait donné lieu à cette espèce de devise, qui exprimait fidèlement la situation qu'il s'était faite : *Pour lui, sans lui et malgré lui.* La faction révolutionnaire ne pouvait se persuader que le duc d'Orléans persistât dans son refus si, par l'expulsion ou la destruction des Bourbons de la branche aînée, elle parvenait à lui frayer l'accès du trône. On rapporte qu'un coup de main fut préparé dans ce dessein un jour où Louis XVIII se rendait au théâtre de l'Odéon, mais qu'il avorta par la ferme contenance du monarque, ou par les manœuvres de quelques impérialistes, qu'avait déconcertés la négation obstinée de son concours. Toutefois, bien que réduit en réalité aux proportions d'une simple coterie, le parti orléaniste comptait des chefs puissants, et Fouché, le plus habile d'entre eux, disait hautement que le prince « était placé de manière à ramasser le sceptre, de quelques mains qu'il vînt à tomber. » Ces menées, activement dirigées par ce conventionnel célèbre, commençaient à prendre tous les caractères d'un complot décidé, lorsque le débarquement de Napoléon sur les côtes de Provence vint étouffer ces premiers germes de guerre civile et changer pour quelque temps la direction des esprits.

Un des premiers soins de Louis XVIII, en apprenant cette nouvelle, fut de mander le duc d'Orléans aux Tuileries et de lui donner l'ordre d'accompagner le comte d'Artois à Lyon. Cette détermination, suggérée au roi par M. de Vitrolles, ne manquait pas d'habileté. Indépendamment de ce qu'il convenait que le premier prince du rang se montrât, dans cette grave conjoncture, à côté de l'héritier du trône, ce concours empreignait la résistance d'un caractère national ; il tendait à combattre les idées bonapartistes par les idées constitutionnelles de 1791, encore vivaces dans un grand nombre d'esprits. Le duc d'Orléans opposa, dit-on, une certaine résistance ; et, de peur que son dévoûment n'en parût suspect,

il livra au roi la divulgation de plusieurs complots politiques
auxquels on avait voulu l'associer. Louis XVIII fut inflexible.

Les deux princes arrivèrent à Lyon, le 8 mars, à peu d'heures d'intervalle. Ils y apprirent presque aussitôt l'occupation
de Grenoble par les bandes de Napoléon. Cette circonstance,
qui resserrait dans un cercle étroit la défense de Lyon, parut
décourager profondément le duc d'Orléans. Il repartit seul
pour Paris, dans la nuit même de son arrivée, et se déroba
par cette retraite précipitée à l'humiliant spectacle de la défection des troupes royales, dont les symptômes n'avaient pas
échappé à sa pénétration. Ce spectacle attendait le comte d'Artois, lors de la revue qu'il passa le lendemain sur la place
Bellecour, quelques heures avant l'entrée de Napoléon, et ce
fut sous cette pénible impression qu'il s'éloigna des murs de
Lyon, pour n'y plus reparaître.

Le duc d'Orléans accompagna, le 16 mars, Louis XVIII à la
séance royale où ce monarque et son frère jurèrent fidélité à
cette charte constitutionnelle qui, donnée à la France pour
assurer la réconciliation des partis, n'avait cessé d'être pendant
dix mois un sujet de discordes et de divisions. Le soir même,
il partit pour aller prendre le commandement supérieur des
départements du Nord, que Louis XVIII lui avait confié. Il
inspecta avec le maréchal Mortier les places fortes de Cambrai,
de Douai, de Lille et de Valenciennes, et exhorta tous ses
lieutenants « à faire céder toute opinion au cri pressant de la
patrie, à se rallier autour du roi et de la charte, et à n'admettre sous aucun prétexte les troupes étrangères dans nos
places de guerre. » Le 22 mars, il reçut à Lille le monarque
qui fuyait devant la trahison et l'usurpation, et unit ses instances à celles du maréchal Mortier, pour décider ce prince
à abandonner cette ville, dont la garnison n'était pas sûre.
Louis XVIII céda, mais en témoignant un vif regret d'être
contraint à se retirer sur le sol étranger. Le duc d'Orléans,

demeuré, dit-on, sans instructions précises, quitta Lille le
24 pour se rendre en Angleterre : « Je pars, écrivait-il au
maréchal, pour m'ensevelir dans la retraite et l'oubli ; je suis
trop bon Français pour sacrifier les intérêts de la France,
parce que de nouveaux malheurs me forcent à la quitter. »
Il se fixa à Twickenham, dans la même demeure qui, quatorze
ans auparavant, avait abrité son premier exil. Sa famille,
qui s'était accrue du duc de Nemours, né à Paris le 25 octobre 1814, l'y avait précédé de peu de jours (1).

Il n'est pas sans intérêt d'observer l'attitude du duc d'Orléans
pendant cette usurpation des Cent-Jours qui, pour la vaine satisfaction de quelques faibles griefs, ou sur la foi de quelques
alarmes habilement grossies, devait léguer à la France, avec
d'incalculables désastres, le germe fatal de deux révolutions.

On ne peut se dissimuler que les événements qui venaient
de renverser le trône de Louis XVIII, n'eussent exalté à un
certain degré ses idées ambitieuses. Le maréchal Mortier lui
ayant un jour exprimé l'idée que la couronne pourrait bien,
dans ces circonstances orageuses, devenir le prix de sa popularité : « Je ne ferai pas tomber la couronne de la tête qui la
porte, répondit-il, mais si elle tombe, je la ramasserai.» De sa
retraite de Twickenham, Louis-Philippe adressa au congrès
de Vienne deux mémoires sur les causes de la chûte des
Bourbons, mémoires fort judicieusement écrits et qu'on put
supposer inspirés par le désir d'attirer sur lui l'attention des
souverains qui disposaient des trônes. Tel fut, du moins, l'effet
de cette démarche. L'empereur Alexandre, prince généralement mal disposé pour les Bourbons de la branche aînée,

(1) La duchesse douairière d'Orléans, de retour en France depuis le mois
de juillet 1814, avait obtenu de Napoléon la faveur de demeurer à Paris, à
raison d'un accident cruel (la fracture d'une jambe) qu'elle avait éprouvé
quelque temps avant le 20 mars. Elle mourut le 22 juin 1821, universellement regrettée.

prêta, dit-on, une oreille bienveillante à certaines insinuations en faveur du duc d'Orléans. Mais M. de Talleyrand
qui, quinze ans plus tard, devait prendre une part si active
à son élévation, prévint le succès de ces intrigues, en faisant
comprendre aux monarques réunis combien il serait dangereux d'encourager ainsi l'ambition des branches collaté-
rales des familles souveraines.

Ces menées, jointes à quelques rapports plus ou moins
mystérieux de Louis-Philippe avec certains whigs influents,
déplurent vivement à Louis XVIII, qui recommanda à la duchesse d'Angoulême, alors arrivée à Londres, de surveiller
avec soin la conduite du duc d'Orléans. Elles ne retranchèrent
rien d'ailleurs à la circonspection extérieure de ce prince. Un
journal anglais l'ayant félicité de n'avoir pas pris de service
contre la France dans les armées alliées, il déclina en quelque
sorte ces félicitations insidieuses, en répondant que Louis
XVIII l'avait expressément défendu à tous les princes de sa
famille. Lord Wellington, pressé quelques mois plus tard
par une députation du gouvernement des Cent-Jours d'user
de son influence pour donner la couronne à la branche cadette, répondit que le duc d'Orléans lui-même avait déclaré
que, « si on l'obligeait à prendre la couronne, il ne l'accepte-
rait que pour la rendre à son auguste et légitime proprié-
taire (1). »

Tout porte à admettre que les démarches du duc d'Orléans n'excédèrent point alors les devoirs que lui imposait sa
qualité de premier prince du sang. D'un caractère timide et
irrésolu, plein d'ambition à la fois et de retenue, doué de
peu de foi dans l'assistance spontanée des événements, et ne
retranchant rien pour le compte de la fortune de la part

---

(1) La mission spéciale de proposer le duc d'Orléans avait été confiée au
général de Valence, depuis longtemps son ami et son confident dévoué.

qu'il faisait à la prudence, son rôle parut consister uniquement à ne point enhardir, à ne point décourager ses partisans. Son nom fut souvent prononcé dans la période critique des Cent-Jours, ses trames et sa personne ne se montrèrent nulle part (1). Il craignait pardessus tout de rencontrer le regard observateur et soupçonneux de Louis XVIII, ce monarque qui n'avait rien perdu de son crédit dans les conseils de la coalition, et comprenait très-bien qu'un gouvernement dont le retour était généralement souhaité par les classes indépendantes de la société, n'était point un gouvernement usé pour le pays.

Cependant, Louis XVIII n'avait oublié ni les rapports de son cousin avec le congrès de Vienne, ni les intrigues de Fouché, toujours prêtes à se renouer en sa faveur. Lorsque la chûte définitive du gouvernement impérial eut rouvert l'accès de la France aux deux branches de la maison de Bourbon, ce prince jugea convenable d'avoir une conférence particulière avec le duc d'Orléans ; et, dissimulant sous l'apparence de bienveillants conseils la portée réelle de son exhortation, il lui représenta qu'il était le plus rapproché du trône après le duc de Berri, et qu'il avait plus de chances par le droit que par l'usurpation. Le duc d'Orléans se défendit avec force d'avoir jamais aspiré au trône. Mais ces dénégations n'étaient guère propres à convaincre un politique aussi expérimenté et aussi défiant que Louis XVIII, et chacun des deux interlocuteurs garda les impressions et les idées qui lui étaient propres. Un incident vint ajouter au mécontentement du roi.

Une ordonnance récente avait autorisé les princes de la famille royale et ceux du sang à siéger à la Chambre des pairs pendant la session de 1815. La commission désignée pour rédiger le projet d'adresse au roi, avait formulé un paragra-

(1) *Histoire des deux Restaurations*, par A. de Vaulabelle, t. 2, p. 360.

phe par lequel la Chambre sollicitait du roi, « la rétribution
nécessaire des récompenses et des peines, et l'épuration des
administrations publiques. » Bien que conforme aux vœux
exprimés par la plupart des collèges électoraux de France, ce
paragraphe excita de vifs débats. Le duc d'Orléans prit la parole et conclut à sa suppression : « Ne formons pas, dit-il à
cette occasion, des demandes dont la malveillance se ferait
peut-être des armes pour troubler la tranquillité de l'Etat.
Notre qualité de juges éventuels de ceux envers lesquels
on recommande plus de justice que de clémence, nous impose
un silence absolu à leur égard. Toute énonciation antérieure
d'opinion me paraît une véritable prévarication dans l'exercice
de nos fonctions judiciaires. » La proposition du duc d'Orléans
fut écartée par la Chambre ; mais il recueillit de sa conduite
en cette circonstance un surcroît de popularité qui réveilla les
susceptibilités de la Cour. Le parti royaliste dénonça hautement son langage comme tendant à affaiblir l'autorité
royale à une époque où un surcroît de vigueur était si
nécessaire pour lutter contre les factions; et sa démarche
encourut d'autant plus de blâme que le comte d'Artois et
le duc de Berri s'étaient prononcés dans un sens tout opposé.
Louis-Philippe aggrava ses torts en donnant les mains à l'impression clandestine du compte-rendu de ces débats par les
soins de l'ex-préfet Pieyre et de Paul Didier, le même que
nous allons retrouver à la tête de l'un des complots les plus
audacieux qui aient menacé la Restauration.

Dans ces circonstances, l'éloignement du duc d'Orléans
était devenu indispensable. Son nom , prononcé par les mécontents de tous les partis, semblait en quelque sorte un défi
permanent porté à la royauté encore faible et mal assise des
Bourbons. Il partit le 18 octobre 1815 pour Twickenham, où
il avait laissé sa famille, et ne parut plus occupé que du soin
de se faire oublier pendant cette période d'une réaction légi-

time sans doute, mais excessive et souvent aveugle contre l'invasion napoléonienne et les fauteurs présumés ou les adhérents de cet attentat.

Quelques mois à peine s'étaient écoulés depuis le départ de ce prince, lorsque l'attention publique fut ramenée sur son compte par une insurrection dont l'importance réelle s'accrut encore du caractère mystérieux de quelques-unes de ses circonstances. Paul Didier, avocat à Grenoble, qui en fut l'instigateur et le chef apparent, s'était fait remarquer en 1793 par son opposition courageuse au régime de la Terreur et par son dévouement à la cause des Bourbons. Il s'attacha ensuite au gouvernement impérial, qui le pourvut d'une chaire à la Faculté de droit de Grenoble; mais il s'en démit en 1810, pour s'adonner à des spéculations industrielles dont le résultat fut la ruine de sa fortune. Ce fut, à ce qu'il paraît, au duc d'Orléans qu'il songea pour en relever les débris. Il pensa sérieusement à seconder les vues ambitieuses que ce prince avait manifestées du fond de la Sicile, et se disposait à partir, dans ce dessein, pour Palerme, lorsque la chûte de l'Empire tourna ses vues d'un autre côté. Didier fit valoir auprès de Louis XVIII son royalisme de 1793, et obtint la croix d'honneur, une place de maître des requêtes et la promesse d'un siége à la cour de cassation. Ces récompenses lui parurent insuffisantes; il s'enrôla parmi les mécontents et fut le premier à saluer le retour de l'empereur et à lui offrir ses services. Mais son zèle parasite se vit, cette fois, dédaigné, et Didier, désormais sans emploi, sans ressources, sans espoir, conçut pour le régime impérial une aversion non moins vive que celle qu'il avait vouée à la Restauration. Ce fut dans cette situation si dangereuse pour une âme ardente et un caractère entreprenant, que le surprit le second avènement des Bourbons. Cette époque paraissait favorable aux complots. Le règne éphémère des Cents-Jours avait laissé d'amères déceptions, de vifs

ressentiments. Les expiations fatales du maréchal Ney, de
Labédoyère et de Mouton–Duvernet n'avaient pas moins irrité
que consterné les esprits. Assez aveugle, assez injuste pour
accuser les Bourbons des malheurs mêmes qu'ils s'étaient ef-
forcés de prévenir, l'opposition révolutionnaire puisait de
nouvelles armes dans l'humiliant traité auquel la France venait de souscrire. Cent cinquante mille soldats étrangers
campés dans nos places fortes exaltaient encore par leur présence ces sentiments d'exaspération. Un esprit outré d'épuration, s'exerçant sans relâche sur l'ordre civil et sur l'armée, mettait au service de la sédition une foule d'hommes
prêts à tout entreprendre pour ressaisir les positions qu'ils
avaient perdues. Les fonctionnaires les départements, partagés entre les excitations de leur zèle et la crainte des désaveux
officiels, compromettaient également la cause royaliste ou par
un excès d'ardeur ou par une mollesse d'action qui se ressentait des souvenirs récents du 20 mars. Cette situation, surmontée par un pouvoir à la fois violent, faible et désuni, préparait un succès probable à toute entreprise conçue dans des
proportions assez vastes pour attirer à sa tête un chef de
quelque valeur politique.

Ces circonstances encouragèrent Didier à tenter un mouvement insurrectionnel vers les premiers jours de mai 1816,
dans le département de l'Isère, l'un des plus signalés pour
son opposition contre le gouvernement des Bourbons. Muni
des instructions d'un comité qui s'était formé à Paris sous le
titre de *Société de l'indépendance nationale*, il réussit à accré-
diter en Dauphiné le bruit d'une prochaine délivrance du
roi de Rome, et ce fut ouvertement au nom de ce jeune prince
qu'il recruta de nombreux adhérents en France et à l'étranger.
Mais une foule de circonstances tendirent plus tard à dé-
montrer que l'avènement du duc d'Orléans était l'objet réel
de ses démarches, et qu'il n'avait été discret à cet égard qu'à

raison du peu de popularité qui protégeait encore le nom de
ce prince. On observa que plus l'heure de l'exécution approchait, moins son langage affectait de précision sur le caractère et la destination spéciale de l'entreprise. Pressé par
un de ses complices, nommé Milliet, de lui faire connaître définitivement *pour qui on travaillait* : « Soyez sans inquiétude
répondit-il, c'est à coup sûr pour quelqu'un de notre époque
et qui connaît nos besoins ; il faudrait renoncer à soulever
un seul homme, si nous ne parlions pas de Napoléon (1). »
Un autre conjuré, appelé Dussert, possesseur de son secret,
lui dit un jour avec humeur : « Ne me vantez pas cet homme :
Bourbon pour Bourbon, autant vaut conserver celui qui règne ;
je ne veux pas *d'un ci-devant à demi-italianisé* (2). Un troisième affilié, F. Gros, a affirmé que le complot avait pour
objet « un prince qui, dès sa première jeunesse, avait donné
des gages à la liberté, qui avait combattu bravement dans
les rangs français, et que ses opinions libérales faisaient tenir en suspicion par les autres membres de sa famille (3). »
Parmi les papiers saisis au domicile de Didier, figurait un
rapport écrit de sa main, qui commençait ainsi : « *Monseigneur*, nos efforts ont échoué, mais les fils ne sont pas tous
rompus, etc. » Une révélation plus importante encore est
celle du général Donnadieu, qui commandait alors la division,

(1) *Histoire des deux Restaurations*, par M. de Vaulabelle, t. 4, p. 113.
Il règne, je dois le dire, une grande partialité dans le récit que cet écrivain
a fait de la conspiration de 1816. L'admirable lettre par laquelle le général
Donnadieu supplie le ministère d'arrêter l'effusion du sang, n'y est même pas
mentionnée. Ces sortes de prétermissions sont malheureusement fréquentes
dans le livre de M. de Vaulabelle qui, malgré son intérêt, n'est à beaucoup
d'égards qu'un long acte d'accusation contre le gouvernement de la Restauration.

(2) *Mémoires tirés des Archives de la police*, par J. Peuchet, Paris, 1838.

(3) Lettre imprimée du 15 septembre 1841.

et dont le zèle et l'activité concoururent puissamment à faire
échouer la conspiration. Ce militaire a rapporté que le 10
juin 1816, peu d'instants avant de monter sur l'échafaud,
Didier l'entretint avec une tardive reconnaissance des bienfaits qu'il avait reçus de Louis XVIII, et que, sous le sceau
du profond repentir dont il paraissait pénétré, il lui déclara
que « le plus grand ennemi du roi était dans sa propre famille. » Ces paroles furent, selon le vœu du condamné lui-
même, religieusement consignées par le général dans une
dépêche particulière qu'il adressa immédiatement au roi (1).

Si, de ces témoignages, on rapproche le souvenir des rapports antérieurs et récents de Didier avec le duc d'Orléans et
de sa répulsion notoire pour le régime impérial ; si l'on re-
marque que la plupart de ses complices ont été pensionnés (2)
et ses enfants appelés à de hautes fonctions publiques par le
gouvernement de juillet ; que M. Decazes, dont toute la
conduite dans cette affaire est demeurée si suspecte (3), n'a
cessé durant le règne de Louis-Philippe d'être l'objet des
prédilections royales : on est amené à conclure que le duc
d'Orléans fut le véritable mobile et le but final de l'entreprise
de 1816, conclusion qui, sans impliquer nécessairement la
complicité directe de ce prince, autorise du moins à présumer
qu'il connaissait l'existence du complot, et qu'en cas de réus-
site, il n'eût pas refusé d'en recueillir les fruits. Cette opinion,

(1) *La vieille Europe des rois et des peuples*, ouvrage condamné.

(2) Voyez la liste nominative de ces individus dans l'*Histoire de la Conspiration de 1816*, par M. Auguste Ducoin ; Paris, 1844, p. 313 et suivantes.

Le lieutenant des douanes, Julien, suspendu pour sa conduite équivoque
lors du complot de Didier, entra dans la maison du duc d'Orléans peu de
temps après sa disgrâce. Lors de la Révolution de juillet, cet officier fut replacé
avec avancement dans son administration.

(3) L'excellente monographie historique de M. Ducoin contient à ce sujet
des particularités fort curieuses et du plus haut intérêt.

dont la vraisemblance seule est une inculpation pour la moralité politique de Louis–Philippe, me paraît propre à jeter
quelque jour sur le caractère de sa participation aux diverses
tentatives qui se succédèrent depuis lors, et qui aboutirent en
définitive au mouvement révolutionnaire de 1830.

L'exil du duc d'Orléans en Angleterre ne fut pas d'ailleurs
dénué de compensations. Malgré l'élévation des charges publiques, une décision royale du 11 septembre 1816 fit remise
à ce prince et à sa mère du tiers de leurs contributions dans les
rôles de 1815 (1). Cette faveur, provoquée par les réclamations
réitérées de Louis-Philippe, fut motivée sur le préjudice que
la prolongation de son absence causait à sa fortune. Vers la
même époque, Louis XVIII, son frère et ses neveux aban-
donnaient noblement à l'État plus du tiers de leur liste civile.

Le rappel de l'exilé n'accompagna pas cette indemnité pé-
cuniaire. Ce ne fut qu'au commencement de février 1817,
après dix-huit mois d'absence, que le roi, cédant aux instances de sa famille, lui accorda la permission de rentrer en
France.

Lorsque le duc d'Orléans reparut avec sa famille sur le sol
français, son nom était fort déchu de l'influence qu'il avait
quelque temps exercée sur l'opinion publique. La persistance
de ce prince à refuser son concours direct à tout complot
politique, avait attiédi le zèle de ses partisans, et les nombreuses affiliations ou sociétés secrètes qui commençaient à
s'établir en France, étaient muettes à son égard. Il parut
tout–à–fait oublié dans les conspirations ourdies, pendant
plusieurs années, pour le renversement du trône. Mais la
faction ouvertement agressive qui, sous des drapeaux divers,
n'a jamais, pendant la Restauration, désemparé le terrain du
combat, n'était pas le seul adversaire qu'elle eût à craindre.

(1) *Histoire des deux Restaurations*, par A. de Vaulabelle, t. 4, p. 163.

A l'abri du régime représentatif dont Louis XVIII avait doté
la France, s'était insensiblement élevée une autre opposition
plus redoutable par l'influence et l'habileté de ses chefs
et par la modération même de son esprit. Formée d'un
noyau de mécontents plus ou moins compromis dans l'é-
preuve des Cent — Jours , elle s'était rapidement accrue de
plusieurs royalistes dégoûtés des excès de 1815, et comptait
bientôt un grand nombre de représentants au sein des Chambres, dans l'aristocratie financière de la capitale et dans tous
les rangs de la bourgeoisie. Cette opposition prenait son point
d'appui dans la charte elle-même ; les élections et la presse
étaient ses moyens d'action : son but avoué était d'assurer à
tout prix le maintien et le développement des institutions
constitutionnelles, dans leur sens le plus illimité. Parti col-
lectivement probe et conservateur, mais dangereux par ses
défiances systématiques envers le pouvoir, et qui devait nécessairement être fatal à la Restauration , le jour où il s'unirait
à la faction démocratique qui en avait juré la ruine. C'est de
cette alliance impie, prétextée ou motivée treize ans plus
tard par les ordonnances de juillet, que sont sorties les révolutions de 1830 et de 1848, et tous les principes désorganisa-
teurs qui menacent aujourd'hui l'avenir de la société française.

Les antécédents révolutionnaires du duc d'Orléans , son attitude équivoque pendant les Cent-Jours , sa conduite à la
Chambre des pairs, les persécutions qu'il venait d'éprouver,
les suspicions ombrageuses auxquelles il était en butte, toutes
ces circonstances marquaient naturellement sa place dans
l'opposition constitutionnelle. Mais le joug même de ses engagements lui créait un rôle délicat à remplir. Lié à l'opposition par ses sympathies intimes et les intérêts de son ambition, il appartenait à la Cour par ses intérêts de fortune et
de position, et par les gages irrécusables qu'il avait donnés à
la cause monarchique pendant l'émigration.

La dextérité avec laquelle Louis–Philippe sut se maintenir entre ces deux camps opposés jusqu'à la Révolution de 1830, présente un phénomène historique digne d'arrêter l'attention de l'observateur. Obséquieux et circonspect, possédant au plus haut degré l'art de s'effacer toujours sans se faire jamais oublier, ce prince dissimulait soigneusement, sous un air d'indifférence et de bonhomie, la sagacité peu commune de son esprit. Il remplissait avec une pieuse assiduité ses obligations envers la Cour de Louis XVIII, sans inspirer d'ombrage à l'opposition, sans cesser, pour ainsi dire, de la tenir en haleine, sans décourager l'espoir qu'elle mettait en lui. Pas un acte, pas un mot dont on pût abuser pour le rendre suspect. L'é-quilibre était parfait entre ses sentiments et ses devoirs, et si sa conduite inspira au parti royaliste, pendant ce laps de temps, de vives et constantes défiances, ces impressions, on doit le reconnaître, dérivèrent, en général, de préventions instinctives ou préconçues, plutôt que d'une conviction réfléchie.

Les rapports de Louis–Philippe avec la branche aînée de sa famille s'étaient empreints d'un caractère plus marqué d'intimité par le mariage du duc de Berri avec la princesse Caroline de Naples, nièce de la duchesse d'Orléans. La branche cadette était admise à toutes les fêtes de la Cour, à tous les dîners de famille, et son chef se faisait remarquer par la ferveur des démonstrations qu'il adressait aux frères de ce roi dont son père avait conspiré la perte. Que de regrets du passé! que de félicitations sur le présent, que de promesses et de protestations pour l'avenir! Cet avenir semblait alors sans nuages; rien ne faisait présager, du moins, l'effroyable tempête qui contraindrait bientôt les Bourbons à reprendre une troisième fois le chemin de l'exil. Mais Louis-Philippe connaissait trop la puissance et l'opiniâtreté des révolutions, il mesurait trop bien la disproportion de l'attaque et de la résistance pour céder lui-même à ce calme trompeur.

Toujours attentif à ménager sa fortune, le courtisan des Tuileries reprenait dans les salons du Palais-Royal, au milieu
des banquiers de Paris, des orateurs de l'opposition, des généraux de l'Empire, ses premières aspirations d'indépendance,
et s'efforçait de voiler sous les réminiscences patriotiques de
1792, ses offres infructueuses de service contre la France impériale. Il accueillait ceux qui croyaient avoir à se plaindre de
la Restauration, et réparait quelquefois ses torts ou ses
imprudences à leur égard par l'éclat populaire de ses propres
bienfaits. Les magnifiques toiles dans lesquelles le génie
d'Horace Vernet faisait revivre les batailles de la République
et de l'Empire étalaient à la fois dans ses galeries le luxe et
l'innocence d'une opposition qui ne se prenait qu'au côté
glorieux et irréprochable des vingt-cinq ans d'interrègne.
Point d'impatience, d'ailleurs, point d'empressement. Appliqué avec zèle à la gestion de son immense patrimoine, à
l'éducation de ses enfants, il écartait, par l'exagération même
de ces devoirs, le soupçon de préoccupations moins innocentes.
S'il exerçait quelques critiques plus ou moins mesurées sur la
marche du gouvernement, c'était toujours dans l'intimité
d'une société sûre et dévouée. Père d'une belle et nombreuse
famille, il ne repoussait point l'une des plus brillantes couronnes de l'univers; mais, patient et réservé dans son ambition,
il évitait avec soin tout ce qui pouvait donner à ses vues et
à ses espérances la couleur d'une intrigue ou d'un complot.
Il laissait en quelque sorte la royauté venir doucement à lui,
et semblait moins occupé de faire naître les occasions de la
conquérir, que de se tenir prêt à profiter des chances que
les fautes ou les embarras de la Restauration pourraient créer
en sa faveur. Politique la plus dangereuse pour les gouvernements qu'elle menace, en ce que, active dans son immo-
bilité, elle procure à la longue tous les avantages d'une
agression décidée, sans en offrir les périls.

La circonspection de Louis-Philippe se démentit toutefois dans une conjoncture qui vint contrarier au plus haut degré ses secrètes espérances. L'infortuné duc de Berri avait expiré le 14 février 1820, sous le fer d'un assassin. Sept mois plus tard, la duchesse de Berri mit au monde ce fils dont la naissance parut suspendre toutes les divisions politiques et retremper la vie de la Restauration. Vers cette époque, un journal anglais, le *Morning-Chronicle*, publia, sous le nom du duc d'Orléans, une protestation fort injurieuse contre la légitimité de cet enfant royal. Ce prince s'empressa de la désavouer; mais cette dénégation rencontra de nombreux incrédules. Une démarche fort grave acheva de le compromettre aux yeux de la Cour. Il crut devoir interpeller le maréchal Suchet, un des témoins de l'accouchement, sur le fait même de sa sincérité. La réponse énergique du maréchal parut désarmer ses doutes, mais cette démarche, rapportée à Louis XVIII, blessa vivement la susceptibilité de ce monarque et de sa famille. Il fut un moment question d'exiler de nouveau le duc d'Orléans, ou de lui interdire l'entrée du Château. Mais ces mécontentements, calmés par les explications du prince et par les excuses de sa sœur, se perdirent bientôt dans des préoccupations plus favorables.

La portée politique du duc d'Orléans n'avait point échappé, comme on l'a vu, à la pénétration de Louis XVIII (1). Ce mo-

(1) Voici une particularité assez curieuse que le narrateur tenait de la bouche même du duc de Larochefoucauld-Liancourt, ami particulier du duc d'Orléans : «Au fort des attaques dirigées contre le ministère de Villèle, le roi fit appeler le duc d'Orléans; et, affectant une grande confiance en son dévouement et en ses lumières :»—«Mon cousin, lui dit-il, je connais votre affection pour moi aussi bien que la certitude de votre jugement, et je n'ai pas hésité à m'adresser à vous pour vous demander conseil dans une grave circonstance. Mon premier ministre Villèle est vivement attaqué dans les Chambres, et je ne sais si je dois le conserver ou lui donner un successeur.

narque redoutait l'ambition de son cousin, moins par affection pour le comte d'Artois, que par attachement au principe
de la légitimité. On sait avec quelle ardeur le premier prince
du sang convoitait le titre d'*Altesse Royale*, dont la privation
lui assignait une sorte d'infériorité hiérarchique par rapport
à la duchesse d'Orléans, sa femme, princesse d'origine royale.
Il fit agir en ce sens auprès du vieux monarque par le comte
d'Artois et la duchesse de Berri. Mais ces instances échouèrent devant l'opiniâtreté prévoyante de Louis XVIII. « Le
duc d'Orléans *n'est que trop près du trône*, » leur répondit-
il, et ce prince mourut sans avoir accordé la faveur désirée,
sans avoir voulu faire convertir en loi de l'État le titre précaire et illégal par lequel il avait mis, quelques années auparavant, la maison d'Orléans en possession de ses anciens
apanages.

L'avènement de Charles X vint dégager le duc d'Orléans
de ces suspicions ombrageuses et raffermir son crédit toujours
chancelant à la Cour de Louis XVIII. La duchesse de Berri,
qu'une étroite intimité unissait à sa tante, n'eut pas de peine
à gagner dans l'esprit de son beau-père une cause que ce
prince avait soutenue de concert avec elle. Le nouveau roi
accorda avec grâce à son cousin et à tous les princes de sa

Dans ma perplexité à ce sujet, j'ai cru devoir vous faire juge de la chose.
Parlez donc, mon cousin. » — « Sire, répondit le prince, pour ouvrir un avis
profitable sur une question quelconque, il faut la connaître, et je déclare à
V. M. ne pas savoir le premier mot de celle-ci. Je suis tellement absorbé par
l'éducation de ma famille qui s'accroît tous les jours, que je ne m'occupe
nullement des affaires publiques : simple passager sur le vaisseau de l'État, je
vogue heureux et tranquille en bénissant la main habile qui le dirige. »
Louis XVIII sourit à cette réponse adroite, en semblant se dire à lui-même :
« J'en ai trouvé un plus fin que moi. (*Souvenirs, réflexions, etc.*, par M.
Servan de Sugny). »

maison le titre d'*Altesse Royale*, et voulut que le chef de la
branche cadette reçût désormais les hommages des différents
corps de l'État concurremment avec les membres de la famille
royale. Restait la question de l'apanage. Charles X comprenait
très bien que la dignité du premier prince du sang s'accommo-
dait mal d'une possession imparfaite, et ne craignit point
d'augmenter l'indépendance du duc d'Orléans en procurant
une forme plus stable à l'acte qui la constituait. Il fit insérer,
à cet effet, dans le projet de loi sur la liste civile, un article
qui portait que les biens apanagers de *Monsieur*, frère de
Louis XIV, restitués en 1814 à la branche d'Orléans, conti-
nueraient à être possédés au même titre, par le chef actuel de
cette branche, jusqu'à extinction de sa descendance mâle.
L'objet de cette intercalation était de soustraire la clause ad-
ditionnelle aux atteintes du côté droit de la Chambre des députés, lequel, peu favorable en général à la maison d'Orléans,
n'eût pas manqué de repousser, isolée, une disposition qui
tendait à consolider son indépendance politique. Cette précaution n'empêcha pas qu'elle ne fût en butte à de vives attaques. MM. Bazire, Bourdeau, Dudon et de Labourdonnaye
s'élevèrent avec force contre cette abrogation brusque et
intempestive de la loi de 1791, et demandèrent l'ajourne-
ment. Cependant, malgré l'adhésion hautement exprimée du
côté gauche, l'article proposé réunit une forte majorité, que
les instances personnelles de Charles X contribuèrent puissamment à déterminer. On dit avec esprit à cette occasion
que le ministère *avait fait la contrebande dans les carrosses
du roi*. Il en coûte d'accorder une foi entière au récit d'un
écrivain doctrinaire qui fait dater de cette éclatante concession les développements extérieurs que prit l'opposition jusque-là timide et concentrée du duc d'Orléans (1). Ajoutons

(1) Capefigue, *Histoire de la Restauration;* 3e série, p. 379.

que ce changement de système, peu conforme au caractère de Louis-Philippe, ne répondait d'ailleurs à aucun intérêt, à aucune exigence de sa situation.

Ces faveurs signalées ne furent pas les seules dont la maison d'Orléans fut, à cette époque, redevable à Charles X. Ce monarque fit admettre le chef de cette maison, contrairement à l'avis de M. de Villèle, pour dix-sept millions dans la liquidation du milliard accordé aux émigrés. Il conféra de plus le cordon du Saint-Esprit à son fils aîné le duc de Chartres, et le nomma, très jeune encore, colonel du régiment de hussards dont son père portait le nom. La reconnaissance du nouveau colonel eut lieu à Valenciennes, sous les yeux de Louis-Philippe lui-même, qui profita de cette circonstance pour visiter les champs de bataille témoins de ses premières armes (1).

Soit préférence réfléchie, soit calcul de popularité, le duc d'Orléans avait voulu que ses fils participassent à l'éducation publique au collège royal Henri IV. L'apparition de ces jeunes gens aux classes et au réfectoire du collège ne les empêchait nullement, d'ailleurs, d'être élevés en princes. Chacun d'eux jouissait d'un appartement séparé dans l'intérieur de l'établissement. Ils dînaient au réfectoire commun, mais de mets apprêtés pour eux seuls. Quand leurs pré-

(1) Le duc d'Orléans se montrait en toute circonstance attentif à caresser l'esprit militaire; mais rien, surtout, n'allait plus droit à son cœur que ce qui avait trait aux campagnes de la révolution. Dans un voyage qu'il fit en famille aux eaux d'Aix, en 1826, il vit à Lyon le général Rouget, frère de Rouget de l'Isle, auteur de la *Marseillaise,* et comme il s'étonnait de son peu d'avancement dans l'armée. « Monseigneur, lui répondit Rouget, j'ai de par le monde une nièce qui me fait grand tort.» La réplique du prince est moins connue : «Elle est pourtant bien jolie, général, et nous avons passé, ma famille et moi, d'agréables instants à la chanter en chœur le long de notre route. »

cepteurs les admettaient à partager la récréation des autres élèves, ils étaient habituellement entourés des jeunes *boursiers*
placés par l'influence de leur père, qui formaient autour d'eux
une espèce de cour à peu près impénétrable au surplus. Remar-
quons à ce propos que, malgré l'inclination qu'il professait pour
les idées libérales, Louis-Philippe se montrait en toute circonstance, observateur scrupuleux des détails de l'étiquette,
et qu'il ne négligeait aucun des intérêts et des privilèges attachés à son rang. Il entretenait des rapports suivis avec les
personnages les plus avancés dans le système de la Restauration. Le prince de Polignac fit, à sa demande, plusieurs
démarches pour l'établissement de ses enfants, bien sûr de
complaire en ce point à Charles X, dont il connaissait la
bienveillance pour le duc d'Orléans. Ce monarque était vivement préoccupé, de son côté, du projet d'unir *Mademoiselle*,
fille de la duchesse de Berri, avec le jeune duc de Chartres,
et de cimenter ainsi l'intimité des deux branches de la
maison de Bourbon. Lorsque le prince de Condé, avancé en
âge et privé d'héritiers, songea sérieusement à ses dispositions testamentaires, il fit part à Charles X de l'intention où
il était de laisser au duc de Bordeaux son immense fortune;
mais, par une généreuse imprévoyance, le monarque le dé-
tourna de cette idée : « Mon petit-fils n'en aura pas besoin, lui
dit-il, la couronne lui revient de droit. » Le prince de Condé se
décida alors à tester en faveur de son filleul le duc d'Aumale,
quatrième fils du duc d'Orléans; mais il exigea le consentement formel de Charles X, consentement que l'éternel
bienfaiteur de la maison d'Orléans donna avec un gracieux empressement : « Je sais, dit-il à cette occasion, que plusieurs
personnes me blâmeront; cependant il n'en serait pas ainsi,
si elles pouvaient être témoins des manifestations d'attachement et de reconnaissance que je reçois tous les jours de la
famille d'Orléans.... J'ai voulu faire au duc de Bordeaux des

amis qui l'aideront de leurs conseils et de leurs services (1). »
Ces derniers mots exprimaient, à mon avis, la pensée intime
de Charles X qui, sans accorder, comme on l'a déjà généralement supposé, une confiance absolue à son cousin, dont il
connaissait les menées, esperait enchaîner sa fidélité à force
de bienfaits.

Une circonstance intéressante pour le duc d'Orléans et pour
sa famille porta ce prince à se rapprocher plus étroitement
de Charles X, dans les premiers mois de 1830. Ferdinand VII,
roi d'Espagne, pressé par les obsessions de sa jeune épouse,
abolit la loi salique établie dans ce royaume en 1713, lors
de l'avénement de Philippe V. En sa qualité de représentant
de la cinquième branche de la maison de Bourbon, le duc
d'Orléans se prononça hautement contre cette abrogation, et
multiplia ses instances auprès de Charles X et de M. de Polignac, alors ministre des affaires étrangères, pour obtenir leur
concours. Il n'eut pas de peine à justifier de son intérêt dans
cette question. En cas de prédécès du duc de Bordeaux sans
enfants, la couronne de France, selon la constitution de
Philippe V, devait revenir à son fils aîné. En supposant son
abolition, au contraire, la renonciation consentie par Philippe V au trône de France pour lui et ses héritiers mâles,
devenait caduque, et ceux-ci se trouvaient en droit de réclamer, par préférence à ses propres fils, l'héritage de Louis XIV,
en vertu de la loi salique française. Le duc d'Orléans déve-
loppa ces considérations dans un mémoire que M. de Polignac soumit le 7 avril au conseil du roi. La question fut lon-
guement débattue. Le conseil estima que les deux couronnes
ne pouvant être réunies sur la même tête, il n'y avait pas lieu
à protester au nom de la branche régnante : décision évidemment influencée par le besoin qu'avait la France des se-

(1) *Etudes Historiques*, etc., par le prince de Polignac, p. 427.

cours de l'Espagne, à la veille de l'expédition d'Alger (1).
Le duc d'Orléans demanda alors au roi la permission de protester en son nom particulier, et l'obtint sans difficulté. En imitant cet exemple, Charles X eût prévenu peut-être la plupart des malheurs qui, plus tard, désolèrent la Péninsule. Mais Louis-Philippe, devenu roi, se mit en inconséquence ouverte avec sa protestation en refusant de reconnaître les droits de Charles V au trône d'Espagne.

Cependant l'horizon politique de la France s'obscurcissait rapidement. Désarmés un moment par la cordialité chevaleresque du successeur de Louis XVIII, les partis avaient repris leur allure défiante et agressive. Le pays était en proie à cette inquiétude indéfinie, mais réelle, tourment des situations calmes et prospères. Un malentendu déplorable, envenimé par les perfidies de la presse récemment émancipée, séparait des hommes animés au fond des mêmes sentiments et des mêmes vues. On exploitait, en les dénaturant, des tendances honnêtes, mais intempestives et inintelligentes vers un passé répudié sans retour. Les associations secrètes, longtemps dégoûtées de leur impuissance, reformaient sur plusieurs points leurs redoutables réseaux. Quelques esprits commençaient à caresser avec une prédilection ouverte les souvenirs et les idées de 1688. Ces germes de défiance et d'hostilité avaient gagné insensiblement les hautes régions du pouvoir. Mal contenue par un ministère sans cohésion et sans vigueur, l'opposition parlementaire s'était faite anarchique, et Charles X, irrité plus qu'alarmé de cette progression dangereuse, y avait opposé le contre-poids d'un cabinet dévoué, mais impopulaire. A l'imprudent défi formulé dans le discours du trône, la

(1) Discours de M. de Dreux-Brézé à la Chambre des Pairs, 4 janvier 1841.

Chambre des députés avait répondu par la fameuse Adresse des 221, regrettable écho de préventions irréfléchies. La Chambre était dissoute, et le destin de la France, remis tant de fois en question depuis quarante ans, allait sortir de l'urne électorale, où étaient descendues toutes les passions, toutes les rancunes politiques de quinze ans de Restauration. Le duc d'Orléans épiait ces mouvements avec intérêt et sollicitude.

Quelques circonstances récemment survenues, sans absoudre ce prince de ses menées plus ou moins directes contre le gouvernement de Charles X, tendaient à atténuer les torts de son opposition. Ces circonstances, généralement ignorées, l'impartiale histoire doit les exposer avec intégrité. On sait quels sentiments d'invincible répulsion les vieux débris de l'émigration n'avaient cessé de nourrir contre le fils de Philippe-Égalité. Cette hostilité s'était déclarée plus vive encore, depuis que la mort du duc de Berri semblait avoir fortifié les chances de son avènement. Certains esprits ardents avaient prématurément agité à son égard la question d'*indignité*, dans le cas où l'ordre de la naissance viendrait à l'appeler au trône. Des politiques appartenant à la même nuance d'opinion, avaient, en prévision du même évènement, imaginé une combinaison propre à ruiner ses légitimes espérances. Elle consistait à regarder comme nulles les renonciations faites en 1712 par les Bourbons d'Espagne à la couronne de France, et à décerner cette couronne à l'un des nombreux descendants du duc d'Anjou. Il avait même été sérieusement question, dans ce but éventuel, de faire venir en France, pour y achever son éducation, le jeune prince héréditaire de Lucques, et d'écarter ainsi d'avance, par cette espèce de naturalisation, toute objection d'extranéité. Ces intrigues empruntaient une grande importance à la fragilité de l'obstacle qui séparait du trône de France la branche cadette des Bourbons. En se ménageant

pour les combattre l'appui naturel de l'opposition, le duc
d'Orléans remplissait donc un devoir rigoureux, soit envers
lui-même, soit à l'égard de ses enfants, dont il ne pouvait
livrer les droits aux caprices d'une répugnance anti-française.
Mais telle était la position de ce prince qu'il ne pouvait rien
entreprendre en vue de l'intérêt que je viens de signaler,
sans que sa conduite ne prît les couleurs odieuses de l'ingratitude ou de la trahison, et qu'il ne parût avoir préparé contre
son bienfaiteur et son roi les efforts destinés à la défense de
ses propres prérogatives. La Révolution de 1830 dénoua cette
complication, et fit perdre à l'opposition de Louis-Philippe ce
caractère de légitime résistance qui seul pouvait la justifier
aux yeux de l'Histoire.

A la veille du mouvement populaire qui devait le porter
sur le trône, le parti de ce prince, faible dans les Chambres
législatives, à peu-près nul dans les provinces, était peu nombreux à Paris. Bien que représentant naturel des intérêts et
des idées de 1789, Louis-Philippe tenait de trop près à la
royauté pour offrir aux révolutionnaires purs des garanties suf-
fisantes. Il était, selon son propre langage, « trop Bourbon
pour les uns, et pas assez pour les autres. » Malgré son invincible antipathie pour la famille régnante, La Fayette avait
toujours refusé d'entrer en rapport direct avec lui. L'opposition parlementaire, de son côté, ne s'était point encore accoutumée sérieusement à l'idée d'un changement de dynastie.
Enfin, la politique double et méticuleuse qu'avait adoptée ce
prince, était un obstacle naturel au recrutement de son parti.
On l'avait vu répudier avec chaleur, en 1827, les excitations
intempestives d'un écrivain libéral, M. Cauchois-Lemaire, qui,
par une lettre rendue publique, le pressait indirectement d'as-
pirer au trône. Un des hommes qui ont le plus profité de son
élévation, M. de Rambuteau, depuis préfet de la Seine, disait
énergiquement de lui « qu'il n'était propre qu'à donner la main

à ses amis pour les faire monter à l'échafaud. » Le parti du duc d'Orléans se composait, à l'époque dont nous parlons, de divers débris du régime impérial, flattés de retrouver dans les souvenirs du prince quelque ombre de grandeur militaire ; de quelques royalistes mécontents, parmi lesquels on distinguait M. de Talleyrand, dont la défection datait de sa retraite du ministère, en 1815. Coopérateur actif des mouvements qui avaient préparé la Restauration, il ne pouvait lui pardonner la longue et impolitique inaction dans laquelle elle l'avait tenu depuis lors. Quelques versions dignes de foi lui attribuent l'idée d'une intrigue qui tendait à substituer directement le duc d'Orléans à Louis XVIII, à la mort de celui-ci. Ce parti ralliait enfin un certain nombre d'hommes de toutes classes que l'ambition déçue, une haine invétérée de l'aristocratie nobiliaire, ou même une simple disgrâce de cour, avait rendus ennemis irréconciliables de la Restauration. Tel était M. Dupin aîné, conseil habituel du prince, avocat illustre, orateur incisif, plein de sens et d'esprit, mais dépourvu d'élévation, et dont la renommée souffrait de quelques torts de caractère ; tel M. Guizot, écrivain habile, royaliste de 1815, devenu le fervent adepte de la révolution anglaise, après s'en être fait l'historien ; tel encore M. Thiers, dangereux apologiste du mouvement révolutionnaire de 1789 ; tel surtout le banquier Laffitte, dont l'hostilité puissante et déjà ancienne se retrempait sans cesse au foyer d'une incurable vanité, et qui semblait avoir fait de l'avènement de Louis-Philippe, dont il était devenu le confident intime (1), l'espérance dominante et comme le mobile de sa vie.

(1) On lit, dans l'ouvrage de M. Sarrans, intitulé *Louis-Philippe et la Contre-Révolution de 1830*, quelques particularités curieuses sur la liaison qui s'était établie entre le duc d'Orléans et M. Laffitte. Voici un extrait de ce livre qui fait assez voir quelle était, dans l'esprit du prince, la portée véritable de cette liaison : « C'est un rêve, disait-il un jour à M. Laffitte, mais enfin, n'importe ;

Une circonstance que le voisinage des dates lie en quelque sorte à la Révolution de 1830, contribua à remettre en mémoire au peuple de Paris le nom un peu oublié du duc d'Orléans. Ce prince donna, le 31 mai, un bal splendide dans les salons du Palais-Royal, au roi de Naples, son beau-frère, qui revenait avec la reine de Madrid, où ils avaient uni à Ferdinand VII la princesse Marie-Christine, leur fille aînée. Le roi Charles X, par une faveur assez rare dans les annales de l'étiquette, avait consenti à assister à cette fête, qui rassemblait près de trois mille conviés. Il fut accueilli par ses augustes hôtes avec de grandes démonstrations de déférence et de respect. Mais il dissimula mal l'impression pénible que lui fit éprouver la présence des principaux chefs de l'opposition libérale, qui s'y trouvaient réunis. Cependant, il parut un instant sur la galerie vitrée et salua la foule, qui répondit par des acclamations. « Monseigneur, dit au duc d'Orléans M. de Salvandy, c'est une fête vraiment napolitaine, car on danse sur un volcan.—Qu'il y ait volcan, je le crois comme vous, répliqua le duc ; mais au moins la faute n'en est pas à moi ; je n'aurai pas à me reprocher de n'avoir pas cherché à ouvrir les yeux au roi : mais que voulez-vous, rien n'est écouté, et Dieu sait où tout ceci nous mènera. » L'entretien se prolongeant, M. de Salvandy témoigna des craintes sur le

quand je serai roi, que ferai-je pour vous? — Vous me nommerez votre fou, le fou du roi, afin que je puisse lui dire ses vérités.—C'est charmant. » Et, dans une autre circonstance, causant dans l'intimité sur le canapé du banquier : «Si jamais je deviens roi et si vous veniez à supposer que l'ambition ou l'intérêt personnel m'a décidé, j'en aurais le plus profond regret. Mon bonheur serait que la France fût le pays du monde le plus libre. Les peuples, mon cher Laffitte, ne haïssent les rois que parce que les rois les ont toujours trompés. » Et puis, poussant le fanatisme de la liberté jusqu'à la méfiance de soi, il ajoutait en s'adressant à Manuel : «Cependant, si vous m'y portez, vous serez bien bêtes si vous ne me garrottez pas (Tom. I, page 138.).»

sort des libertés et des prospérités de la France, qu'il voyait
compromises pour cent ans peut-être par une révolution imminente. Le duc montra plus de foi dans l'efficacité des idées
nouvelles et de la division des propriétés, et protesta que, dans
aucun cas, « il ne se laisserait reprendre à émigrer pour les
fautes des autres (1). » Cette conversation fut interrompue par
des désordres qui ne présageaient que trop les dispositions tur-
bulentes de la multitude : livrée à elle-même dans les jardins
du Palais-Royal, elle jeta les lampions dans le bassin, brisa
des grilles et des arbustes, et brûla un grand nombre de chaises.
On remarqua avec surprise et curiosité le duc d'Orléans lui-
même discourant avec action au sein d'un de ces groupes
populaires (2), qui furent en quelque sorte le berceau de
l'insurrection de juillet.

Les évènements se pressaient avec une effrayante rapidité.
La France était livrée au tumulte des élections générales ; le
bruit menaçant des protestations populaires se confondait
avec les accents du *Te Deum* célébrant la prise d'Alger,
seule conquête qui n'eût point été faite au chant de la *Marseillaise*, et la seule aussi qui dût rester à la France au bout
de quarante ans de combats, de victoires et de sacrifices. Le
25 juillet, après un mois d'irrésolutions et de débats, furent
signées ces fatales ordonnances qui, mal comprises peut-être
et mal défendues, devaient rouvrir parmi nous l'abîme des
révolutions. Le duc d'Orléans apprit ce coup-d'État, le soir
même, du marquis de Sémonville, à qui l'avait révélé l'aspect agité de la Cour (3). Fidèle au caractère essentiellement
expectant de sa politique, il se renferma avec soin dans son
habitation de Neuilly et y attendit les événements.

Lorsque, dans la journée du 28, l'insurrection populaire

(1) *Une fête au Palais-Royal*, par M. de Salvandy.
(2) *Histoire de Dix ans*, par L. Blanc, t. I, p. 167.
(3) Mémoires inédits de M. de Sémonville.

eut atteint tout son développement, **M.** Laffitte crut devoir
informer le duc d'Orléans de la tournure que prenaient les
circonstances. Il lui expédia par un messager sûr l'avis de la
démarche que les députés présents à Paris allaient entreprendre auprès du maréchal Marmont, pour conjurer la prolongation de la guerre civile. Sa missive se terminait par cette inutile recommandation : *Défiez-vous des filets de Saint-Cloud.*
M. Laffitte faisait partie de la commission envoyée au maréchal. Les progrès de l'insurrection éveillaient en lui des espérances qu'il ne prenait plus la peine de dissimuler : « Nous
commençons, dit-il à ses collègues, un drame dont le dénouement sera la royauté du duc d'Orléans (1). » La démarche des députés n'ayant produit aucun résultat, **M.** Laffitte
déclara qu'il était décidé à se jeter *corps et biens* dans
le mouvement ; et, faisant percer, dans la soirée même,
sa résolution à travers l'abattement unanime de ses collègues,
il parla nettement pour la première fois d'appeler le duc
d'Orléans à la tête du gouvernement ; mais cette proposition
prématurée demeura sans écho.

La prise inattendue du Louvre donna, le 29, la victoire au
peuple parisien. L'hôtel Laffitte était devenu le quartier-géné-
ral de l'insurrection : il devint bientôt le centre de toutes les intrigues qui avaient pour but la fondation du nouveau pouvoir.
« On voyait, dit un écrivain démocratique, se presser dans les
appartements, dans les cours, dans les jardins, grands seigneurs,
gens de finance, hommes de robe, gardes nationaux. C'était
un bourdonnement immense dans cette foule animée de passions diverses et sans cesse renouvelées (2). » **M.** Laffitte
avait compris que l'instant d'agir était venu, et le matin
même il avait expédié un affidé au duc d'Orléans pour enga-

---

(1) *Chronique de juillet* 1830, par Rozet.
(2) *Histoire de Dix ans*, t. I, p. 293.

ger ce prince à se rendre immédiatement à Paris. « Le lendemain, écrivait-il, verrait proclamer la république ou le duc
de Reichstadt ; jamais plus belle occasion ne pourrait se présenter : il lui fallait choisir entre la couronne et un passe-
port. » Demeuré seul, sur la fin de la soirée, avec trois partisans dévoués du duc d'Orléans, MM. Thiers, Mignet et
Larreguy, ils tinrent conseil. Il fut convenu qu'on agirait
sans délai. On s'assura du silence de quelques journaux, de
la coopération de quelques autres ; et comme M. Laffitte
connaissait assez le prince pour ne pas douter de son aveu,
on fit afficher dans la nuit un écrit rédigé par M. Thiers, où
le duc était présenté comme « un prince dévoué à la révolution, qui acceptait la charte comme le peuple l'avait toujours
entendue, et qui ne devrait sa couronne qu'à la nation française. » Enfin, il fut décidé que M. Thiers se rendrait le lendemain auprès du prince, de la part de M. Laffitte, pour le
mettre au courant de ces dispositions.

Que se passait-il à Neuilly pendant ces événements qui
devaient exercer une influence si décisive sur les destinées de
la famille d'Orléans? Le duc, ainsi qu'on l'a vu, s'y était con-
finé dans une solitude à peu près inaccessible. Informé, dès
le 29, de la victoire des Parisiens, il crut ou affecta de croire
que la Cour méditait de le faire enlever, et se retira pendant la
nuit dans une maison de Villiers, dépendance de Neuilly (1).

MM. Dupin et Persil devancèrent M. Thiers à Neuilly, où
ils ne rencontrèrent que les princesses d'Orléans entourées
de quelques intimes du château. M. Dupin rendit compte à
la duchesse Marie-Amélie de l'intention exprimée par plusieurs députés d'appeler le duc d'Orléans à la lieutenance-
générale du royaume, et fit valoir toutes les considérations
qu'il crut propres à déterminer l'acceptation du prince et son

(1) *Deux ans de règne*, par A. Pepin p. 121.

prompt retour à Paris. Ces considérations exercèrent peu d'impression sur Marie-Amélie. Cette princesse exprima avec émotion la reconnaissance qu'elle avait vouée au généreux vieillard auquel on parlait d'enlever sa couronne (1), et renvoya les deux négociateurs à peu près sans espoir. M. Thiers, qui survint quelques instants après, ne fut pas plus heureux. Mais alors parut, accompagnée de madame de Montjoie, la princesse Adélaïde, et la conférence s'établit sur d'autres bases. M. Thiers exposa que l'avènement du duc d'Orléans concilierait l'Europe à la France, en montrant ce royaume « à jamais détrompé des chimères républicaines. » Que s'il y avait encore des dangers à courir, le prince gagnerait sa couronne à s'y associer; il fallait surtout ne point laisser flotter les destinées de la France. Madame Adélaïde objecta la crainte « qu'aux yeux de l'Europe l'avènement de son frère ne prît la couleur d'une révolution de palais, et que Charles X ne parût avoir été renversé par une intrigue plutôt que par la conscience publique (2). » Cependant les exhortations de M. Thiers n'eurent pas de peine à entraîner cette âme virile, ambitieuse et peu disposée d'ailleurs à céder à des considérations de famille. Elle promit de hâter le retour de son frère, et déclara qu'elle-même, *enfant de Paris*, était décidée, s'il le fallait, à venir partager les destinées des Parisiens. De retour dans la capitale, M. Thiers raconta avec enthousiasme cette mémorable conférence, et son récit accrut la faveur qui commençait à entourer le nom du duc d'Orléans.

Pressé par les instances de ses ministres eux-mêmes, Charles X, avait, le 29, tardivement révoqué les funestes ordonnances et chargé le duc de Mortemart, chef d'un nouveau conseil, de faire prévaloir cette révocation. Un malaise

(1) *Histoire de Dix ans*, t. I, p. 333.
(2) *Chronique de Juillet*, par Rozet.

passager n'ayant pas permis au duc de remplir sa mission,
ce fut M. Collin de Sussy qui se présenta de sa part à l'assemblée des députés réunis, le 30, dans la salle ordinaire de
leurs délibérations. Mais le nom du duc d'Orléans avait été
sérieusement prononcé dans cette réunion, et M. Hyde de
Neuville avait fait décider qu'une commission de cinq de ses
membres s'adjoindrait à un nombre égal de pairs pour proposer les mesures les plus convenable aux circonstances. La
communication de M. de Sussy fut froidement accueillie, et
la réprobation à peu près unanime qu'elle excita à l'Hôtel-
de-Ville, quelques heures après, consomma la chûte du
trône de Charles X, et laissa le champ libre aux partisans
du duc d'Orléans.

Ce fut un des plus habiles et des plus dévoués d'entre eux,
le général Sébastiani, qui rendit compte à la Chambre, réu-
nie au nombre de quarante membres, de la conférence qui
venait d'avoir lieu par suite de sa dernière résolution. Il
avait été reconnu qu'une prompte convocation des Chambres
était la mesure la plus propre à assurer la paix et la liberté ; mais « cette réunion ne pouvant s'opérer avec le chef
que les derniers évènements avaient placé dans une position
si fâcheuse, » la commission proposait à la Chambre d'inviter
le duc d'Orléans à se rendre à Paris pour y exercer les fonctions de lieutenant-général du royaume. Cette invitation, qui
fut votée à la presqu'unanimité, impliquait naturellement
l'appel de Louis-Philippe au trône ; cependant M. Villemain
ayant objecté « qu'il ne trouvait pas dans sa conscience la
conviction du droit de changer la dynastie régnante, » M. Sébastiani se hâta de répondre » que cette question était étrangère à l'acte qu'on venait de voter, et que la Chambre n'avait
eu d'autre but que d'arrêter le désordre et l'effusion du sang : »
réserve qui témoigne assez combien les dispositions de l'assemblée paraissaient encore incertaines.

Douze députés tirés au sort avaient été chargés de porter sa résolution au duc d'Orléans; mais ils furent détournés de cette démarche par la crainte d'être enlevés par les troupes royales, qui poussaient des reconnaissances jusqu'au pont de Neuilly. Le général Sébastiani y suppléa par une lettre collective, qui fut remise au prince à son retour du Raincy, où il avait passé la journée. Le duc réunit sa famille dans le parc, et lut aux flambeaux la résolution de la Chambre. Il se détermina à y obtempérer et partit pour Paris avec trois officiers de sa maison, portant à sa boutonnière un nœud de rubans tricolores que sa sœur, madame Adélaïde, y avait elle-même attaché. Le duc d'Orléans descendit à onze heures du soir au Palais-Royal, au moment où ses inexplicables lenteurs avaient commencé à jeter le trouble et la consternation parmi ses partisans.

Ici se présente un grand problème historique. Les irrésolutions de Louis-Philippe avaient-elles leur source dans un respect intime pour la légitimité des droits de Charles X? dérivaient-elles de l'incertitude des circonstances et du sentiment des ressources militaires que conservait encore la Cour? Les évènements postérieurs n'ont donné que trop de force, je dois le dire, à cette dernière hypothèse. Quoi qu'il en soit, un fait important à recueillir témoigne que ces irrésolutions n'avaient rien d'affecté. Le duc d'Orléans était à Paris depuis quelques heures, lorsqu'un envoyé se présenta de sa part au général de Mortemart, et l'invita en termes pressants à l'accompagner au Palais-Royal « dans l'intérêt de la cause du roi. » Le jour commençait à poindre. M. de Mortemart fut introduit mystérieusement dans le cabinet du duc d'Orléans qui, exténué de fatigue, à moitié vêtu, lui adressa ces paroles avec beaucoup d'agitation : « Duc de Mortemart, si vous voyez le roi avant moi, dites-lui qu'ils m'ont amené de force, mais que je me ferai mettre en pièces plutôt que de placer la couronne sur

ma tête (1). » Le prince ajouta que s'il n'avait point été à
Saint-Cloud, c'était dans la crainte que Charles X ne le fît
arrêter ; l'ordre était donné, lui avait assuré madame de
Bondy, à un bataillon de la garde caserné au faubourg
Saint-Honoré, de se porter sur Neuilly et de cerner le château dans le cas où le peuple essayerait de l'entraîner dans
l'insurrection (2). Le duc d'Orléans voulut savoir si les pouvoirs de M. de Mortemart allaient jusqu'à le reconnaître
comme lieutenant-général du royaume. Le général répondit
négativement et demanda à son tour au duc s'il lui répugne-
rait d'écrire à Charles X un billet conçu dans le sens des dispositions qu'il venait de manifester. Louis–Philippe écrivit à
l'instant ce billet, que M. de Mortemart enferma soigneusement
dans un pli de sa cravate ; puis il prit congé du prince et revint
au Luxembourg. « Le duc d'Orléans s'est montré parfait, dit-il
à quelques personnes ; ses sentiments ont été ceux d'un véritable Bourbon ! » Mais, quelques heures après, d'autres conseils avaient prévalu, et Louis–Philippe envoya, dans la ma-
tinée, réclamer son écrit à M. de Mortemart, qui le rendit
sans objection.

Ce fut le tort capital, la faute inexcusable du duc d'Orléans
de ne s'être point rendu à Saint-Cloud pendant l'insurrection,
pour y offrir à Charles X l'appui de son épée, ou tout au
moins celui d'une utile médiation, et sa conférence avec M. de
Mortemart prouve combien il avait à cœur de s'en faire absoudre.
Mais sa justification reposait sur un fait imaginaire. En dépit
des prétendues informations de la comtesse de Bondy, aucun
ordre éventuel n'avait été donné par la Cour pour s'assurer de
sa personne. Il résulte d'un entretien que M. de Conny eut,

---

(1) *Mémoires pour servir à l'histoire de la Révolution de* 1830 , par
M. A. Mazas.
(2) *Louis-Philippe et la Contre-Révolution* , etc., t. I, p. 159.

le lendemain 31, avec Charles X, au château de Trianon, que
le roi n'était pas même instruit de sa présence à Neuilly, et
qu'il le croyait encore au château de Saint-Leu : « Mais »
ajouta le vieux monarque, dans la sincérité de sa confiance,
« mon cousin n'accédera point aux propositions qui lui seraient faites : le souvenir de son père est présent à sa pensée,
son fils nous est attaché. » Ces paroles ne dissipèrent point les
justes défiances de M. de Conny. Il insista pour que Charles X fît donner l'ordre au duc d'Orléans de se rendre sur-le-
champ auprès de lui ; le roi, vivement combattu, allait céder
peut-être à ce conseil, lorsque l'évacuation de Saint-Cloud
par les troupes royales le contraignit lui-même à chercher
son salut dans une retraite précipitée sur Rambouillet (1).

Informés de l'arrivée du prince à Paris, les douze délégués
se rendirent au Palais-Royal, le 31 au matin. Le duc les accueillit avec une cordialité mêlée de quelque embarras. « Je
n'ai pas hésité, leur dit-il, à venir partager vos périls ; mais
vous me demandez une chose sur laquelle je ne puis m'expliquer avec la même promptitude. J'ai avec Charles X des liens
de famille qui m'imposent des devoirs personnels et d'une
nature étroite. Le danger n'est pas imminent. Les renseigne-
ments que j'ai sur Saint-Cloud m'annoncent qu'on ne songe
pas à reprendre les hostilités. « MM. Bérard et Delessert
ayant insisté pour une prompte détermination , le prince demanda quelques instants pour y réfléchir, et passa dans son
cabinet avec MM. Dupin et Sébastiani. On assure que celui-
ci mit à profit cette absence pour aller en hâte consulter
M. de Talleyrand, de la part du prince, sur le parti qu'il avait
à prendre, et que ce vieil arbitre des trônes n'hésita pas à
répondre *qu'il fallait accepter*. Le duc d'Orléans reparut, rap-
portant une proclamation conçue avec réserve et qui se ter-

(1) *De l'Avenir de la France,* par M. de Conny, 2e édition, p. 32.

minait par ces mots : « *Une charte* sera désormais une vérité. » La Chambre répondit par une adresse au peuple français qui contenait l'énumération de diverses garanties qu'elles
se proposait d'assurer à la France, et substituait ces mots :
« *La charte* sera désormais, etc. » à ceux qu'avait employés
le duc d'Orléans : modification significative, et que tout annonce avoir été consentie ou provoquée par lui-même.

Depuis que le concours formel de ce prince était acquis
aux constitutionnels, ses partisans n'avaient cessé d'agir auprès
du général La Fayette pour le mettre dans leurs intérêts. Le
vétéran de 1789 répondait aux émissaires orléanistes par des
paroles honorables et bienveillantes sur les vertus domestiques et le patriotisme de Louis-Philippe ; mais il avait peine
à sacrifier son utopie favorite, et les instances incessantes de
plusieurs milliers de jeunes gens, qui voulaient constituer
immédiatement la république sous sa présidence, l'entretenaient dans ses irrésolutions. Les réprésentations de
MM. Barrot, Gérard, Rémusat , Carbonnel et surtout de
M. Rives, ministre des Etats – Unis, l'emportèrent enfin ; et,
confiant dans le principe de la souveraineté populaire, qu'ad-
mettrait la charte future, et dans l'institution de deux millions
de gardes nationaux, il parut ne plus opposer d'obstacle à l'é-
tablissement du nouveau pouvoir.

Les députés, au nombre de quatre-vingt-quinze, se disposaient à porter au duc d'Orléans l'Adresse qu'ils venaient
de délibérer, lorsqu'ils apprirent que ce prince allait se mettre
en marche pour l'Hôtel-de-Ville Cette manifestation décisive,
que le duc eût voulu retarder , était devenue indispensable
pour déconcerter les dernières espérances des républicains.
Un court entretien qu'il eut avec **M.** Bérard, au moment de
partir, annonce qu'il ne s'abusait pas d'ailleurs sur le sens
politique de sa démarche. « Si je parviens au trône, lui
dit–il, vous ne sauriez croire à quels regrets je serai condamné.

Ma vie de famille est si douce, nos goûts sont si simples, qu'en conscience je dois croire que ma famille et moi, nous ne sommes pas faits pour la royauté. Je l'accepterai comme un devoir et non comme un plaisir. Et puis, faut-il vous l'avouer, j'ai toujours conservé au fond de mon cœur un vieux sentiment républicain dont je sens que je ne me séparerai jamais. (1) »

M. Laffitte donna lecture de la proclamation des députés, puis, s'approchant du prince : « Monseigneur, lui dit-il tout bas avec un enjoûment quelque peu vulgaire, *ce que je tiens à ma main est bien beau : c'est une couronne !....* Je ne vous dirai pas que c'est un *sans-culottes* qui vous l'offre (une de ses jambes malade était demi-nue), mais pourtant cela y ressemble un peu. »

Le cortége, accompagné d'un grand nombre de gardes nationaux et de citoyens, se mit en marche aux cris de *Vive la Charte ! Vive le duc d'Orléans !* Le prince répondait obséquieusement à ces démonstrations populaires. A l'approche de l'Hôtel-de-Ville, les cris de *Vive la liberté ! A bas les Bourbons !* commencèrent à se faire entendre ; les dispositions de la multitude devinrent mornes et presque menaçantes. On assure que le duc d'Orléans n'échappa que par hasard à d'homicides complots (2). Ces dispositions justifiaient assez le parti qu'il avait courageusement adopté de venir demander au peuple la sanction de ses pouvoirs. En montant l'escalier de l'Hôtel-de-Ville, il dit à ceux qui en garnissaient les degrés : « Messieurs, c'est un ancien garde national qui vient rendre visite à son ancien général. » La Fayette reçut le prince avec sa politesse accoutumée, mais les cris de : *Plus de Bourbons ! Vive La Fayette !* éclatèrent sur plusieurs points

(1) *Souvenirs historiques sur la Révolution de* 1830, par S. Bérard.
(2) *Mémorial de l'Hôtel-de-Ville,* par Hippolyte Bonnellier, 1835.

de la salle du trône, encore encombrée de combattants et de
blessés. Le duc, le général, la commission municipale et les
députés se formèrent en demi-cercle au milieu de la foule.
On lut la proclamation de la Chambre. En ce moment, un
obscur officier, appelé Dubourg, s'approcha brusquement du
prince, et lui montrant la place de Grève remplie de gens
armés, ravagée par l'artillerie et souillée de sang : » On
assure, lui dit-il, que vous êtes honnête homme, et comme
tel incapable de manquer à vos engagements ; songez à les
tenir, car si vous les oubliez, le peuple qui est là saura bien
vous les rappeler. » Le prince répondit avec émotion, mais
avec dignité ; puis, prenant par la main La Fayette, il s'avança
sur le balcon de l'Hôtel-de-ville, et embrassa avec effusion le
général, en agitant à plusieurs reprises un drapeau tricolore.
Cette accolade patriotique produisit un effet immense. Jusqu'alors indécise et silencieuse, la multitude qui couvrait la
place et les quais fit retentir l'air de ses acclamations. Ces
acclamations accompagnèrent le prince jusqu'à son retour
au Palais-Royal.

Avant de résigner leurs fonctions, les membres de la commission municipale songèrent à dresser une espèce de programme de principes dont l'adoption formerait un contrat
entre le peuple et le pouvoir héritier de sa victoire. Mais cette
idée fit place à celle d'une simple conférence dans laquelle
La Fayette, avec qui les conditions de ce programme avaient
été discutées, prendrait soin de pressentir le prince sur son
système futur de gouvernement. Les principales de ces
conditions étaient : la reconnaissance formelle du dogme de
la souveraineté nationale, deux Chambres sans hérédité,
l'abaissement du cens d'éligibilité et la suppression du cens
électoral, liberté absolue de la presse, des cultes et de l'enseignement, etc. Le général se rendit en conséquence le 1er
août au Palais-Royal, où il eut avec le duc d'Orléans un en-

tretien devenu mémorable par les affirmations et les désaveux
qu'il a tour-à-tour fait naître, et par les conséquences opposées que les partis en ont tirées. La Fayette débuta par un
éloge complet de la constitution des États-Unis, auquel le
duc acquiesça sans restriction, mais en contestant son appli-
cabilité à la France, dans l'état des esprits. « Ce qui convient
au peuple français, répliqua le général, c'est un trône populaire entouré d'institutions républicaines, tout-à-fait républicaines. Le prince ayant répondu qu'il l'entendait ainsi,
La Fayette insinua que la constitution de 1791 satisfaisait à
toutes les exigences démocratiques. « Ce n'est pas la mienne,
objecta l'auguste interlocuteur ; il est impossible de marcher
avec une seule Chambre. » Telle fut sommairement cette conférence, publiée avec enthousiasme par La Fayette lui-même
comme le point de départ et la règle de principes du nouveau gouvernement. Son véritable caractère paraît facile à
apprécier. Elle offre de part et d'autre une certaine expansion
de sentiments démocratiques, mais rien qui ressemble à un
programme sérieusement débattu. Tout annonce donc que le
héros des Deux-Mondes fut, en cette circonstance comme en
tant d'autres, la dupe d'une illusion légèrement conçue, habilement entretenue, mais qui fut prompte à se dissiper.

Le nouveau lieutenant-général ordonna la reprise des couleurs nationales, convoqua les Chambres pour le 3 août, et
composa un ministère provisoire de MM. Dupont de l'Eure,
le maréchal Jourdan, le général Gérard, le baron Louis,
Guizot, Bignon et Tupinier. M. Pasquier fut appelé à la présidence de la Chambre des pairs, dignité qu'il a conservée
pendant toute la durée du règne de Louis-Philippe.

Cependant, Charles X, retiré à Rambouillet, où la Dau-
phine l'avait rejoint à travers mille périls, ne perdait pas
tout espoir de raffermir, soit par la force des armes, soit par
la voie des négociations, sa couronne chancelante. Mais la

défection inopinée du général Bourdessoulle, qui commandait la grosse cavalerie de la garde, porta, dans la journée
du 1er août, un coup funeste à sa sécurité. Ce fut alors qu'une
détermination jusques-là combattue s'offrit à ce prince comme
un moyen extrême de salut. Cette détermination était d'appeler à la lieutenance-générale du royaume ce même duc
d'Orléans que la révolution triomphante venait d'investir
de ce titre. Deux ministres, MM. de Montbel et Capelle, se
trouvaient en ce moment auprès du roi. « Dans un tel désordre, leur dit Charles X, je veux tenter de faire un appel
au duc d'Orléans; je ne lui ai jamais fait que du bien : il ne
peut être assez dénué de sentiments et d'honneur pour ne
pas répondre à ma confiance. » Les deux ministres essayèrent vainement de combattre une résolution qui leur semblait inutile ou pernicieuse. M. de Montbel rappela au roi les
nombreux rapports qu'il avait eus à lui faire sur les menées
constantes de ce prince avec tous les fauteurs de révolution,
et particulièrement avec les membres des sociétés secrètes.
Charles X répliqua que « le duc d'Orléans trouverait dans sa
mission même un moyen de se relever de ses fautes, en usant
de son influence pour prévenir une nouvelle révolution (1). »
Les ministres écrivirent sous la dictée du roi la déclaration par laquelle il nommait son cousin lieutenant - général
du royaume, et maintenait la convocation des Chambres
pour le 3 août. Cet acte fut envoyé à Louis–Philippe, qui
le communiqua immédiatement à ses conseillers intimes.
« Cette déclaration, leur dit-il, est une perfidie; je connais
la famille, ils veulent faire naître des doutes sur ma franchise
et laisser croire que je suis d'accord avec eux. » La droiture
de M. Laffitte se souleva contre cette inculpation : il fit observer qu'elle se réfutait par le simple rapprochement des

(1) Lettre inédite de M. de Montbel, 26 juin 1837.

dates. **M.** Dupin fut d'avis que Louis-Philippe devait se borner
à accuser au roi la réception de sa dépêche ; cet avis fut
adopté.

L'inspiration malheureuse qui avait porté Charles **X** à sanctionner ainsi l'œuvre de la révolution, l'entraîna presque immédiatement à une mesure plus impolitique encore, et que
rien ne motitivait. Ce fut son abdication. Il exhorta également
le Dauphin à renoncer à ses droits au trône en faveur du duc
de Bordeaux. Ce prince, qui ne partageait ni l'abattement
de son père ni sa foi généreuse dans la sincérité du duc d'Orléans, ne se décida qu'avec peine à cet acte de déférence. Cette
double résolution fut consignée dans une lettre adressée le 2
août au duc d'Orléans, que le roi chargeait de faire proclamer l'avènement du jeune prince sous le nom de *Henri V*.

Le général Latour-Foissac, porteur de cette dépêche, ne
put être admis auprès de Louis-Philippe. Il obtint une au-
dience de la princesse Marie-Amélie, qui lut avec attendris-
sement une lettre que lui écrivait le jeune duc de Bordeaux ;
puis, sans s'expliquer autrement sur les projets du prince,
elle se borna à dire que son mari était un honnête homme,
et que la famille royale pouvait compter sur lui. Le duc
d'Orléans fit déposer l'acte d'abdication de Charles **X** à la
Chambre des pairs, et consulta son conseil privé sur la réponse qu'il devait y faire. On lui représenta qu'il importait
que cette réponse fût conçue dans le sens d'une rupture absolue avec la cause de la branche aînée, et **M.** Dupin se
chargea de la rédiger en ces termes. Mais, au moment de
placer la dépêche sous son enveloppe, Louis-Philippe passa
dans l'appartement voisin, sous prétexte de consulter la duchesse d'Orléans ; il profita de cette disparition pour substituer une lettre fidèle et respectueuse à la rude et sèche missive de son conseiller.

Charles **X** était entouré à Rambouillet d'une armée impo-

sante et dévouée. Les camps de Saint-Omer et de Lunéville
s'ébranlaient pour le rejoindre, et ce prince paraissait résolu
à attendre de pied ferme l'issue ces dernières négociations.
Le duc d'Orléans songea à prévenir une lutte qui pouvait lui
devenir funeste, en envoyant au roi quatre commissaires
chargés de déterminer son départ. C'étaient MM. le maréchal Maison, Barrot, de Schonec et Jacqueminot, auxquels
M. Sébastiani fit adjoindre le duc de Coigny. En prenant
congé de Louis-Philippe, M. de Schonen lui demanda quelle
conduite les commissaires auraient à tenir si on leur remettait le duc de Bordeaux. « Le duc de Bordeaux, s'écria vivement le prince, mais *c'est votre roi !* » La duchesse
d'Orléans, présente à cet entretien, se montra profondément émue, et s'élança dans les bras de son époux en s'é-
criant : « Ah ! vous êtes le plus honnête homme du royaume ! »

M. de Coigny fut seul admis auprès du roi, qui lui déclara
qu'il ne quitterait Rambouillet que lorsqu'on se serait con-
formé à ses dernières dispositions. Les commissaires rappor-
tèrent dans la nuit du 3 au 4 août cette réponse au duc
d'Orléans. Ils lui dirent que l'éloignement de Charles X était
indispensable au rétablissement de la paix, et qu'on ne pourrait l'opérer qu'en effrayant ce prince par une manifestation
décisive. Louis-Philippe accueillit cette communication avec
des sentiments tout autres que ceux qu'il avait témoignés la
veille, et parut donner les mains à tout ce qu'on voulut
entreprendre. Un de ses aides-de-camp arma l'Ecole poly-
technique de pistolets déposés au Palais-Royal, et La Fayette fit rassembler cinq cents hommes par légion de garde
nationale, pour marcher immédiatement sur Rambouillet.
Les commissaires eurent ordre de précéder la colonne expéditionnaire, et le duc d'Orléans qui, le jour d'avant, avait
exhorté M. Barrot à user d'égards envers la famille royale,

6

lui recommanda cette fois *de réussir*. Tout le monde connaît les détails et l'issue de cette expédition téméraire, dont le succès dépendit des impostures du maréchal Maison, cet autre obligé de Charles X, mais qui du moins ne lui appartenait que par les liens de la reconnaissance !

Les trois commissaires qui avaient négocié et obtenu l'éloignement du roi, reçurent la mission d'accompagner ce prince et sa famille jusqu'à Cherbourg, lieu fixé pour leur embarquement. La lenteur fortuite ou calculée de ce douloureux voyage ne tarda pas à exciter l'impatience du nouveau pouvoir. Une colonne mobile, organisée sous ses ordres directs par le général Hulot (1), fut déployée pour accélérer leur retraite. Mais la dignité du vieux roi sortit triomphante de cette dernière épreuve. Les démonstrations populaires qui avaient fait chanceler le courage de Charles X, lorsqu'il s'agissait encore de la conservation de son trône, furent impuissantes sur l'âme de Charles X détrôné, proscrit et presque captif. L'homme se montra supérieur au monarque.

Le capitaine de vaisseau Dumont-Durville, chargé de conduire la famille royale hors de France, avait reçu du gouvernement les instructions les plus sévères. Ces instructions allaient jusqu'à lui enjoindre de canonner le vaisseau le *Great-Britain*, que montait Charles X, dans le cas où il obligerait le capitaine à dévier de la direction qui lui était prescrite. Cet officier-général, à qui la fortune gardait quelques années plus tard un trépas si cruel, crut faire acte d'indépendance en affectant envers son ancien maître, pendant la traversée, une sécheresse hors de propos. En se séparant de lui, Charles X, dont les dernières illusions s'étaient enfin dissipées, lui déclara qu'il ne doutait pas que les évènements de

(1) *Louis-Philippe et la Contre-Révolution*, t. II, p. 328.

juillet n'eussent été le produit d'un complot dirigé par le duc d'Orléans lui-même.

Le lieutenant-général ouvrit, le 3 août, la session législative, par un discours où il parla avec moins de réserve qu'il n'avait fait jusqu'alors, du coup–d'Etat du 25 juillet, et de la part qu'il avait prise à la consécration du triomphe populaire. Il fit une allusion convenable à d'augustes infortunes, mais il ne trahit par aucune expression ses projets ultérieurs. Ce fut le lendemain de cette séance que le jeune duc de Chartres se réunit à sa famille. Ce prince avait rencontré, entre Joigny et Melun, la duchesse d'Angoulême, lorsqu'elle se dirigeait fugitive de Dijon sur Rambouillet, et l'avait fort touchée par l'effusion de ses sentiments chevaleresques (1). Retenu momentanément à Montrouge, où sa vie avait couru quelques dangers, il entra à Paris à la tête de son régiment, au milieu des acclamations populaires.

Cependant, le nouveau pouvoir recueillait les premiers fruits de son origine bâtarde et équivoque. Les partis, mis en présence, commençaient à s'agiter. On se plaignait de la lenteur du gouvernement à se constituer et à se dessiner. Ces doléances, qui passaient déjà jusqu'à la menace, inspirèrent à M. Bérard l'idée de formuler une charte destinée à consommer le changement de dynastie, mais en restreignant dans d'étroites limites les prérogatives du roi futur. Ce fut le 6 août qu'il présenta à la Chambre des députés ce projet de constitution modifié par MM. de Broglie et Guizot, et dont la conclusion était l'appel au trône du duc d'Orléans et de

---

(1) Cette courte entrevue, si honorable pour le jeune prince, a été indignement dénaturée par l'auteur de *Deux ans de règne*, ouvrage publié en 1833, sous les auspices du gouvernement de juillet.

ses descendants mâles à perpétuité. Les circonstances deve-
naient de plus en plus pressantes. Le parti républicain, insensiblement revenu de sa défaite, menaçait hautement la majorité qui la lui avait fait subir. M. Dupin fit, le soir même,
le rapport de la commission chargée de l'examen de ce
projet. D'après les dispositions encore incertaines d'une grande
partie de la Chambre, l'issue de ce débat solennel dépendait
évidemment de l'attitude qu'allait prendre le duc d'Orléans,
dans cette circonstance décisive de sa vie. Ce prince qui, en
détournant la consécration fatale du principe insurrectionnel
de 1830, eût épargné à la France et à l'Europe entière de
longues et amères calamités, ne sut pas résister à l'entraînement de sa situation. Ni les judicieux conseils de M. de
Talleyrand, qui lui proposait de faire prolonger jusqu'à vingt-
cinq ans, sous sa régence, la minorité du duc de Bordeaux (1),
ni les instances et les supplications de la duchesse d'Orléans,
qui le conjurait « de ne pas ramasser une couronne souillée
de sang et de boue (2), » ne purent faire accepter à son esprit
une combinaison aussi heureuse, aussi pacifique, aussi favorable à la conciliation des partis. Sa détermination fut encouragée, soit par le consentement tacite de quelques-uns des
membres du corps diplomatique, soit par les exhortations
directes de quelques autres, et surtout des ambassadeurs de
Russie et d'Angleterre ; et M. Hume put dire avec quelque
vérité au parlement anglais, plusieurs années après, que c'é-
tait au duc de Wellington que Louis-Philippe avait dû sa
couronne (3).

Ainsi fut décidée la question du changement de dynastie,
et les généreux efforts des Conny, des Lezardières, des Ber-

(1) *Gazette de France*, janvier 1841.
(2) Mémoires inédits du marquis de Sémonville.
(3) Débats à propos des affaires de Portugal , juin 1847.

ryer, des Neuville et de Chateaubriand, qui fit entendre à la
Chambre des pairs la dernière et prophétique protestation de la
monarchie expirante, ne purent retarder la défaite du principe
tutélaire de la légitimité. Ce fut dans la séance du 9 août que le
nouveau roi des Français, sous le nom de *Louis-Philippe I*[er],
prêta devant les Chambres, en présence de ses deux fils aînés,
serment à la charte dont l'acceptation était la condition de son
avènement. Il crut devoir, à cette occasion, renouveler l'expression de son goût pour la vie modeste qu'il lui fallait
abandonner. Mais, lorsqu'il fut de retour au Palais-Royal,
où l'accompagnèrent les fragiles empressements de la multitude, la secrète ambition de toute sa vie se trahit par une
circonstance qui ne saurait échapper à l'Histoire. En présentant à la reine M. Bérard, ce promoteur de la royauté nouvelle : « Voilà, lui dit-il, l'homme qui nous a rendu tant de
services, et auquel nous avons tant d'obligations (1). » Et
cet entraînement fut partagé, il faut bien le dire, par cette
même princesse qui, peu de jours avant, exhortait si instamment son époux à ne pas déshonorer par une usurpation
la double religion de la reconnaissance et de la fidélité !

(1) *Souvenirs historiques sur la Révolution de 1830*, par S. Bérard.

TROISIEME PARTIE.

Le nouveau gouvernement fut accepté par les départements de la France sans enthousiasme, mais sans contradic-
tion sérieuse. Beaucoup de bons esprits le considérèrent
comme un expédient qui terminait une lutte malheureusement engagée, comme un *mariage de raison*, comme une
transaction convenable entre la république, dont le nom seul
alarmait tous les intérêts, et la légitimité, qui semblait avoir
fait son temps. M. Thiers appela ce régime une *monarchie
administrative*, et le mot fit fortune par l'insignifiance même
de l'idée qu'il exprimait. La moralité privée de Louis-Philippe
paraissait une garantie puissante en faveur de la probité de son
gouvernement. Roi populaire, il saurait, par d'intelligentes
concessions, réconcilier avec les formes monarchiques un peuple
épris par-dessus tout du sentiment de l'égalité ; prince et né
en quelque sorte sur les degrés du trône, l'illustration de son

origine adoucirait aux yeux de l'Europe le caractère révolutionnaire de sa promotion. Il n'était pas jusqu'à l'économie
presque proverbiale dont il avait fait preuve dans la gestion
de son propre patrimoine, qui ne répondît de celle qu'il saurait porter dans l'administration des deniers de l'Etat. Les
premiers moments du nouveau règne furent une suite d'espérances et d'enchantements dont le parti démocratique lui-
même eut peine à se défendre. La Fayette exhalait en termes
pompeux son admiration pour le jeune républicain de 1789 (1),
et l'austère Dupont (de l'Eure) cédait à la séduction, alors irrésistible, que l'affectueuse familiarité du prince, son esprit
facile, son extrême activité, qui suffisait sans peine aux devoirs
multipliés de la royauté, son langage cordial et plein d'abandon, la chaleur de son dévouement aux idées libérales, exer-
çaient partout autour de lui. Garde des sceaux, il contre-
signait une proclamation dans laquelle, moins d'une semaine
après son avènement, le nouveau roi se flattait « d'avoir en
quelques jours assuré le bonheur et la gloire de la patrie. »

Ces illusions étaient permises à un pouvoir qui, soit sympathie, soit nécessité, avait, par le fait seul de son établissement, rallié l'immense majorité de la nation française. Indépendamment, en effet, de ses partisans directs ou intéressés,
le gouvernement de juillet avait pour appuis la classe bour-
geoise, héritière naturelle et impatiente de cette prépotence
nobiliaire qui semblait destinée à s'éteindre avec le régime
de la Restauration, et la classe populaire, par qui venait de
s'accomplir cette révolution de Paris dont elle attendait d'immenses bienfaits. Enfin, il s'était ménagé par quelques faveurs personnelles le concours du parti impérialiste, si puissant sur l'esprit de l'armée.

Isolés ainsi de toute communion avec le nouveau régime,

(1) Lettre à Joseph Bonaparte, 26 novembre 1830.

exclus, par un ostracisme plus égoïste que systématique, de
toute participation aux pouvoirs publics, les légitimistes assis-
taient dans une attente inquiète et curieuse au travail de
cette jeune monarchie, produit informe d'une assemblée in-
compétente et d'une charte *bâclée*, qui n'avait pour elle ni
l'expression librement formulée du vœu national, ni la légitimité héréditaire ; à cette lutte du fait contre le droit, de
l'événement contre le principe. Ils se demandaient quelle
sécurité pourrait naître d'un ordre de choses « où les droits
les plus légitimes étaient foulés aux pieds, où tant d'intérêts
se trouvaient compromis ou menacés, où l'anarchie était dans
les opinions et la foi du serment ouvertement violée, » et
prédisaient hautement que , « quelle que fût l'habileté des
hommes d'État, quelles que fussent la bienveillance et la
sagesse des pouvoirs institués, ils ne pourraient lutter contre
tant de principes de dissolution (1). »

Le premier soin de Louis-Philippe en montant sur le trône
avait été de charger M. Laffitte de la formation d'un ministère : œuvre difficile en présence des nombreux aspirants que
la victoire de juillet avait fait surgir dans toutes les nuances
de l'opinion libérale. Après deux jours de négociations, le
nouveau conseil se composa , le 11 août , de MM. Dupont de
l'Eure, Guizot, le général Gérard, le duc de Broglie, Molé,
le baron Louis et le général Sébastiani. M. Laffitte n'avait
consenti à y entrer que comme simple membre ; MM. Périer,
Dupin et Bignon en faisaient partie au même titre. Plusieurs
promotions importantes eurent lieu en même temps. M. Dupin aîné fut nommé procureur-général à la Cour de cassation ; MM. Thiers et Mignet entrèrent au conseil d'État.
M. Barrot fut appelé à la préfecture de la Seine, et le général La Fayette, que le roi ne dédaignait pas de nommer

(1) *Gazette de France* du 7 août 1850.

son ami et son protecteur (1), reçut le commandement de
toutes les gardes nationales de France, poste redoutable, qui
mettait sous ses ordres immédiats deux ou trois millions de
citoyens.

Une vaste tâche était imposée au nouveau ministère. D'immenses difficultés s'accumulaient au dedans et au dehors. Le
parti démocratique, reprenant peu à peu courage, profitait de
la détresse publique occasionnée par la révolution, pour armer la classe ouvrière, son auteur et sa première victime, contre le pouvoir qui en était sorti. Les puissances étrangères, revenues de leur stupeur, se livraient à des préparatifs menaçants. Dans l'expulsion de la branche aînée des Bourbons,
il était entré un sentiment de réaction mal éclairé sans doute,
mais très-marqué contre l'humiliation des traités de 1815.
A ce point de vue, le mouvement insurrectionnel de juillet
offrait tous les caractères d'une véritable déclaration de
guerre. Louis-Philippe en comprit la portée ; et, tandis qu'il
se reposait sur l'autorité morale de La Fayette du soin de
calmer les irritations et les alarmes de l'industrie et du commerce, toute sa sollicitude parut se concentrer sur les relations extérieures du royaume et sur les moyens de détourner
la guerre européenne dont il était menacé.

Le parti démocratique proprement dit s'était partagé entre deux systèmes de politique générale. Une fraction considérable et entreprenante de ce parti n'admettait point la coexistence de la monarchie populaire avec les dogmes de la
légitimité partout en vigueur en Europe ; elle voulait qu'on
laissât au mouvement révolutionnaire convenablement dirigé
le soin d'annuler par la force les onéreux traités de 1814
et de 1815, et de changer le droit public européen et les conditions d'un équilibre demeuré favorable à la servitude des

(1) *Louis-Philippe et la Contre-révolution*, tome 1, p. 218.

peuple s. Une autre fraction aspireit à des résultats analogues
par l'emploi du système de non-intervention, entendu dans
son acception la plus absolue. Louis-Philippe se prononça
sans hésitation contre le premier de ces partis, et parut incli-
ner en faveur du second. Il écrivit (29 août) à l'empereur
de Russie pour lui exposer sommairement les considérations
qui l'avaient déterminé à recevoir des mains du peuple français la couronne de Charles X, dont il n'avait cessé d'être,
durant son règne, « le plus soumis et le plus fidèle sujet. » Il
y faisait valoir habilement le service qu'il avait cru rendre à
la paix publique en sauvant la France du régime démocratique, qualifiait la révolution de juillet de « catastrophe qu'il
eût voulu prévenir, » et terminait en sollicitant sans dignité
l'alliance du puissant autocrate. Une acte plus expressif encore de sa politique, fut la nomination du prince de Talleyrand
à l'ambassade de Londres, contre l'avis presque unanime de
son conseil. Cette détermination, qui impliquait tout à la fois
le maintien des traités de 1815 et l'abandon de l'alliance
russe, ébauchée dans les dernières années de la Restauration,
pour l'alliance anglaise, influa sur la réponse du czar ; cette
réponse fut froide, presque dédaigneuse et dépourvue des formes usitées dans la correspondance entre souverains. A son
arrivée à Londres, M. de Talleyrand s'exprima, dit-on, avec
une légèreté fort impertinente sur le compte du gouvernement qui l'accréditait (1). Mais cette attitude, qui flattait les antipathies secrètes du ministère Wellington, ne retrancha rien
à l'empressement universel avec lequel fut accueilli le spirituel
patriarche de la diplomatie européenne. Ainsi furent posées
les fondements de cette alliance anglo-française, la clé de
voûte de la politique extérieure de Louis-Philippe, alliance si

(1) De l'alliance anglo-française, par M. Duvergier de Hauranne , Revue
des deux mondes, tome 25, p. 475.

célébrée plus tard sous le nom d'*entente cordiale*, et qui, traversée par plusieurs vicissitudes plus ou moins sérieuses, ne fut définitivement rompue qu'en 1846, par les mariages espagnols. Le roi s'appliqua toutefois à calmer le mécontentement du czar Nicolas en envoyant à Saint-Pétersbourg comme ambassadeur le duc de Mortemart, qu'il savait être personnellement agréable à ce monarque.

Cependant la faveur populaire continuait à entourer la royauté nouvelle. La foule se pressait dans les cours du Palais-Royal au chant de la *Marseillaise* ou de la *Parisienne*, sa pâle imitation, et le roi, répondant à cet appel, ne dédaignait pas de donner aux plus obscurs citoyens des témoignages d'une affectueuse familiarité. De nombreuses députations des communes et des gardes nationales des départements étaient admises auprès de lui ; et, en répondant avec une parfaite aisance à leurs félicitations, il ne négligeait aucune occasion d'exposer et de répandre ce système de politique mixte qui, sous la dénomination bizarre de *juste-milieu*, n'a cessé d'inspirer la monarchie de juillet. Les chefs de ces députations étaient admis à la table de la famille royale, et plusieurs jeunes gens des écoles, héros improvisés des trois journées, participaient à la même faveur. Jaloux de décliner toute solidarité avec la Restauration, le gouvernement avait fait amnistier par une loi tous les condamnés politiques depuis 1815, et La Fayette s'était fait un honneur de présenter au nouveau roi ces prétendues victimes, en prenant fièrement la qualité trop bien méritée de leur *complice*. Des gratifications pécuniaires accordées aux plus nécessiteux ou aux plus compromis d'entr'eux, complétèrent la déplorable glorification de ce principe insurrectionnel que le gouvernement ne pouvait méconnaître sans se renier lui-même. La presse aux mille voix exaltait à l'envi les vertus, l'affabilité, les grâces des princesses de la maison d'Orléans, les talents et l'éducation libérale des fils du roi. Les ducs d'Orléans et de Nemours s'étaient fait inscrire sur les contrôles de la garde nationale, comme de simples citoyens. La reine, cette fière et vertueuse princesse, cet *ange de la famille*, visitait les blessés, soulageait les pauvres, et semblait moins touchée de son élévation que des malheurs de ses proches, victimes résignées de rancunes plus opiniâtres qu'éclairées. Ces sentiments n'étaient pas partagés par la multitude, encore enivrée de son triomphe inattendu. D'odieux libelles, d'ignobles caricatures, où la double grandeur de l'infortune et de la royauté recevait les plus lâches outrages, se vendaient publiquement sous les voûtes de ce Palais-Royal où Charles X était, il y a deux mois à peine, entouré de respects et d'hommages. Le parti légitimiste refusait de plus en plus son concours à un pouvoir qui blessait si vivement ses affections et ses principes. « Dieu est juste, s'écriait Chateaubriand, et Dieu ne voudra pas que Louis-Philippe, ce faux roi, meure en paix dans le lit sanglant de Louis XVI, où il s'est couché furtivement. » L'hostilité croissait en raison de la personne même du prince, de son origine et de ses antécédents. Par sa double qualité de Bourbon et de représentant des intérêts de 89, le duc d'Orléans était sans contredit le seul homme capable d'imprimer une direction régulière et stable à ce mouvement révolutionnaire qui, abandonné à lui-même, eût disparu tôt ou tard dans les convulsions sanglantes de l'anarchie. Un grand nombre d'officiers de tout grade, fidèles à la religion du serment, avaient refusé de prendre du service sous le nouveau régime. Un pair démissionnaire, M. de Kergorlay, homme d'une fermeté toute bretonne, expiait par six mois de prison et 500 francs d'amende le courage d'avoir écrit que le *fils du régicide* était « de tous les Français « le plus incapable de sauver la France, parce qu'il était ce- « lui à qui l'usurpation dût sembler plus criminelle. »

Mais ces protestations se perdaient impuissantes dans le tourbillon où le nouveau pouvoir entraînait les esprits, et les prospérités de la maison d'Orléans semblaient au-dessus de toute atteinte, lorsque une catastrophe aussi mystérieuse que lamentable et inattendue vint en corrompre le cours. Le 27 août, le duc de Bourbon, le père du malheureux duc d'Enghien, le dernier rejeton de la maison de Condé, fut trouvé mort dans son château de Saint-Leu. Le cadavre de cet infortuné vieillard était suspendu par deux cravates de soie liées en double anneau au bouton de l'espagnolette d'une croisée de sa chambre. Ce prince, généralement peu sympathique à la branche cadette, s'était montré fort affecté de la chûte de Charles X, et avait ouvertement annoncé l'intention de quitter la France dans les derniers jours d'août. Une lettre par laquelle le roi déchu le pressait de venir le joindre, avait, s'il faut en croire certains bruits, été interceptée par les ordres de Louis-Philippe : démarche qui s'explique par la crainte de lui voir révoquer sur une terre étrangère ses dispositions en faveur du jeune duc d'Aumale. Peu de jours avant sa mort, il avait reçu à Saint-Leu la visite de la reine Amélie, et des mains de cette princesse la plaque de la Légion-d'honneur : double faveur dont il avait paru touché.

La supposition d'un suicide, démentie par l'âge, le caractère chevaleresque et les sentiments religieux du prince, parut invinciblement détruite par plusieurs autres circonstances matérielles constatées dans une enquête judiciaire, et peu de personnes doutèrent que le noble vieillard n'eût péri victime d'un lâche assassinat. Ces présomptions furent, pour ainsi dire, couronnées par le témoignage de son aumônier, M. Pellier de La Croix, qui du haut de la chaire sacrée, laissa tomber ces paroles solennelles : « Le prince est innocent de sa mort devant Dieu! »

Sophie Dawes, baronne de Feuchères, maîtresse avouée et

tyrannique du prince, concentra bientôt tous les soupçons par
son attitude équivoque et par la place qu'elle occupait dans
les libéralités testamentaires de l'auguste défunt. Amenée par
ces soupçons à scruter les antécédents de madame de Feuchères,
la malignité publique y découvrit les déplorables obsessions
auxquelles cette femme s'était livrée pour décider le prince
de Condé à tester en faveur du duc d'Aumale, et ces intrigues
remontèrent jusqu'au père du jeune héritier. On dévoila une
correspondance secrète à ce sujet entre Louis-Philippe et l'as-
tucieuse baronne, et l'empressement opiniâtre que le roi mit
à couvrir l'inculpée de sa protection, l'espèce d'ostentation
avec laquelle elle fut reçue à la Cour, au mépris de la réprobation universelle dont elle était chargée, la disgrâce infligée
à deux magistrats qui avaient refusé de voir un suicide dans
la mort violente du dernier des Condé : toutes ces choses pro-
jetèrent sur l'éclat naissant de la nouvelle Cour un funèbre
reflet, et la mort du prince de Condé peut être regardée
comme le premier coup porté à cette considération populaire
dont elle avait joui jusqu'alors sans mélange.

Le gouvernement se trouva bientôt en face d'embarras plus
pressants par l'arrestation de quatre des anciens ministres de
Charles X, MM. de Polignac, de Peyronnet, Chantelauze et
de Guernon-Ranville. Il fallait à tout prix épargner leur sang
et prévenir une explosion populaire qui, mal contenue, eût
ébranlé jusque dans ses fondements le fragile édifice de juillet. Au fond, rien de moins sérieux qu'une telle procédure.
Par l'application bien ou mal fondée de l'article 14 de la
charte, les signataires des ordonnances ne s'étaient proposé
que de dégager la monarchie de 1814 de l'étroite impasse où
d'imprévoyants conseillers l'avaient imprudemment acculée.
Leur véritable crime était dans une violation mal motivée de
l'ordre légal en vue d'une situation dont le danger n'avait
point encore frappé tous les esprits; il était surtout dans le

défaut de succès. En droit, les ministres ne pouvaient être punissables pour un fait dont l'expulsion de Charles X et de sa famille avait déjà répondu à la justice du pays, ni pour une prétendue trahison dont profitait un pouvoir successeur (1), et que ne définissait aucune loi. Mais, ces vérités si simples et si palpables, comment les faire pénétrer dans des masses exaspérées, aveugles, exaltées d'ailleurs par les agitateurs intéressés qui édifiaient d'avance leur propre fortune sur les ruines de la royauté !

Les émeutes qui troublèrent la capitale pendant le mois d'octobre, firent pressentir au roi toute la gravité de la crise qu'il allait avoir à traverser. Le malaise de sa position s'aggrava bientôt par une inexprimable perplexité. Le parti doctrinaire demandait à grands cris le renvoi de M. Barrot qui, dans une proclamation au peuple de Paris, avait blâmé comme inopportune une proposition tendante à l'abolition de la peine de mort. D'un autre côté, MM. de La Fayette et Dupont de l'Eure, dont l'appui était plus indispensable que jamais, menaçaient hautement de se retirer, si le préfet de la Seine était sacrifié. Dans ces circonstances critiques, l'indéfectible dévouement de M. Laffitte vint au secours de son royal ami. Il composa non sans peine (2 novembre) un nouveau cabinet où MM. Laffitte, Maison, Montalivet et Mérilhou remplacèrent MM. Louis, Molé, Guizot et de Broglie. Ce service immense lui attira de vifs témoignages de gratitude du roi et de la princesse Adelaïde, qui l'embrassa affectueusement. Mais il fallut, en échange de ce bon office, endurer un discours où M. Laffitte exposait en termes menaçants, à la Chambre des députés, l'attitude que la France était décidée à prendre vis-à-vis des puissances étrangères. Or, rien n'était plus opposé qu'un tel langage à la politique méticuleuse et réservée du roi des Français.

(1) *Questions de juridiction parlementaire*, par M. le comte de Peyronnet, p. 25 et suiv.

Les ministres de Charles X se défendirent avec noblesse et refusèrent de charger leur maître, absent et malheureux, de la responsabilité du coup-d'état de juillet. Mais leur attitude ne calma point l'irritation populaire, et, lorsque, le 21 décembre, les pairs se réunirent pour délibérer, le Luxembourg, entouré de plusieurs milliers d'agresseurs, se trouva menacé des plus grands périls. Le parti démocratique, qui s'était puissamment fortifié depuis la révolution de juillet, ne parlait de rien moins que de chasser les députés et de proclamer une dictature républicaine. La jeunesse des écoles, surtout, se montrait fort échauffée, et l'on pouvait tout appréhender de sa puissance d'action sur le peuple des faubourgs (1). Une extrême anxiété, mêlée de beaucoup de défiance, régnait au Palais-Royal. Le roi, tour-à-tour ému et rassuré, observait avec attention les progrès de l'émeute ; et, sachant bien qu'aucun des accusés n'avait à craindre une condamnation capitale, il inspirait à la Cour des pairs un arrêt dont la rédaction tendait à désarmer le courroux populaire en rejetant personnellement sur Charles X les malheurs des trois journées. Mais l'explosion n'en fut pas moins terrible ; et, sans la précaution courageusement exécutée par La Fayette et surtout par M. de Montalivet, d'y soustraire les condamnés par une retraite anticipée à Vincennes, la crise eût été sans limites. Enfin, le torrent débordé rentra dans son lit, et le roi, par sa présence et les exhortations qu'il porta lui-même aux douze arrondissements de la capitale, contribua puissamment à ramener dans les esprits un calme momentané.

Les accents de la gratitude publique retentissaient encore aux oreilles de La Fayette, lorsque la Chambre des députés, par l'adoption d'un amendement qu'avait accepté le ministère, lui ôta brusquement le commandement suprême des

(1) Lettre de M. O. Barrot à M. Sarrans jeune.

gardes nationales du royaume. Cette action fut reprochée à Louis-Philippe comme un fait d'éclatante injustice. Et cependant , quel gouvernement possible avec un auxiliaire aussi puissant , aussi incommode , aussi étranger aux exigences , aux nécessités gouvernementales ! Ce sacrifice , prévu par tous les hommes politiques, était préparé de longue main par les représentations de la diplomatie , et tout porte à croire qu'il entra comme condition formelle ou tacite dans plus d'une reconnaissance du nouveau pouvoir. Mais Louis-Philippe subissait les conséquences de son mode d'avènement au trône : il ne pouvait se séparer impunément d'un des hommes qui avaient le plus contribué à l'y élever. La Fayette se démit sur-le-champ des fonctions de commandant-général, et repoussa obstinément toutes les instances affectées ou sincères que le roi mit en œuvre pour le faire revenir sur sa détermination. Louis-Philippe lui ayant proposé le titre de *commandant honoraire* : « Votre Majesté , répliqua le général un peu piqué, se contenterait-elle d'être un roi *honoraire* ? » La Fayette alla reprendre à l'extrême gauche de la Chambre la place qu'il n'avait cessé d'y occuper durant la Restauration. Jusqu'à sa mort , qui eut lieu en 1834 , il repoussa toute occasion de rentrer en rapport avec le roi qui avait nié le fameux *programme de l'Hôtel-de-Ville* : « Nous sommes , disait-il , dans la position de deux gentlemen qui se sont donné un démenti mutuel ; les circonstances ne nous permettent pas d'aller au bois de Boulogne , mais elles nous empêchent de nous faire des visites. » Après l'insurrection de 1832 , il se démit des fonctions de maire et de conseiller municipal de sa commune, ne voulant plus avoir affaire, dit-il , à la *contre-révolution* de 1830 (1), et mourut plein d'illusions à la fois et de dégoûts.

(1) *Notice sur Lafayette*, p. 139.

La retraite de M. Dupont de l'Eure suivit de près celle du
vétéran de 1789. L'exercice ministériel de M. Dupont de
l'Eure , esprit médiocre , citoyen probe , austère et d'un désintéressement antique , n'avait été pour ainsi dire qu'un long
duel entre le brusque républicain et l'obséquieux monarque ,
auquel ce nouveau Roland pardonnait avec peine la supériorité du rang suprême. Lorsque M. Dupont de l'Eure entra dans
le premier cabinet formé par le duc d'Orléans : « Monseigneur,
dit-il au prince , je ne crois pas qu'en vous suggérant de me
faire ministre , on vous ait donné un bon conseil. D'abord ,
je ne m'aveugle point sur ma capacité , et puis , franchement , il n'entre point dans mes goûts d'être ministre.... je
suis tout franc , tout rond , dissimulant peu ce que je pense ,
et, si je me connais bien, très peu propre à faire un homme de
Cour. — Que parlez-vous de Cour ? objecta le prince , est-ce
que je veux une Cour ? Ah ! Monsieur , si vous saviez combien
je regrette de ne pouvoir vivre citoyen de la république française !... — Permettez , Monseigneur , les choses ne se pré-
sentent point de la même manière dans des situations diffé-
rentes. Je me suis reporté d'un bond à 1789. Je veux bien
renouveler l'épreuve faite à cette époque ; mais c'est dans
l'espérance qu'on travaillera franchement non pas à *royaliser*
la France , mais à *nationaliser* la royauté , *si cela est encore possible.* — Est-ce que , par hasard , répliqua Louis-
Philippe , vous auriez , M. Dupont , la prétention de vous
croire plus patriote que moi ? apprenez que je le suis plus que
vous. — Plus , ce serait difficile ; autant , c'est assez , et je
m'en contente. — Vous n'en doutez pas , je l'espère ? —
Ecoutez donc , Monseigneur , je le désire , mais je puis vous
le dire sans vous offenser : il y a certitude d'un côté , et seulement espoir de l'autre ; en un mot , je me connais , et je n'ai
pas l'honneur de vous connaître (1). »

(1) *Louis-Philippe et la Contre-révolution,* etc., tome 2, p. 59.

La reconstitution du personnel de la magistrature, après 1830, amena entre le roi et son ministre plus d'un débat où le rude démocrate lutta avec énergie, et, il faut le dire, avec justice contre certaines antipathies personnelles de Louis-Philippe. Mais un tel censeur n'était guère tolérable au-delà des premiers mois de l'établissement d'un nouveau pouvoir, et la malignité publique plaçait dans la bouche du roi ce mot vulgaire : « J'ai trois médecines à rendre, La Fayette, Laffitte et Dupont de l'Eure. » La démission du garde des sceaux, formulée en termes sévères, fut acceptée par Louis-Philippe, et dès ce jour, la séparation de la monarchie de 1830 et du parti démocratique put être considérée comme définitive.

Les derniers jours d'août avaient vu s'opérer en Belgique une révolution calquée en apparence sur la nôtre, mais accomplie dans un esprit tout différent. Rendue à son indépendance par la fuite précipitée du prince d'Orange, la Belgique n'osa pas se constituer en république en présence des traités de 1815 ; elle songea à se donner un souverain, et ses regards se tournèrent vers le duc de Nemours, second fils du roi des Français. Mais la France n'était pas en mesure de profiter d'un tel résultat. Louis-Philippe, contenu par l'Angleterre, refusa formellement la couronne offerte à son fils. Rejetée par ce refus dans les bras des Anglais, la Belgique, après de longs tâtonnements, choisit le prince Léopold de Saxe-Cobourg, et cette élection lui valut les faveurs soudaines de la conférence de Londres, toujours hostile à ses intérêts tant que l'influence française avait paru dominer dans ce pays. Sous ce point de vue, la diplomatie de M. de Talleyrand avait échoué complètement à Londres, quelque soin qu'il eût pris d'amoindrir sa mission en déclarant qu'il ne venait point comme représentant de la France, mais « pour chercher avec d'anciens et honorables amis les moyens de conserver la paix de l'Europe et de maintenir les traités de 1815. »

L'Europe entière avait reconnu Louis-Philippe , à l'ex-ception du duc de Modène , que le cabinet français négligea à cause de son peu d'importance , et du roi d'Espagne , dont la résistance parut difficile à surmonter. Toujours disposé à favoriser l'insurrection , sous quelque forme qu'elle se produisît , La Fayette , alors tout-puissant , persuada au ministère d'effrayer Ferdinand VII en fomentant des troubles dans ses états. On s'entendit à ce sujet avec les plus éminents des Espagnols qui avaient fui à Paris et à Londres les persécutions de leur gouvernement (1). Le roi mit à leur disposition cent mille fr. tirés de sa cassette, et M. Guizot, ministre de l'intérieur, ne dépensa pas moins de 2 à 300 mille francs, dit-on , pour armer un certain nombre de combattants de juillet comme auxiliaires du corps expéditionnaire destiné à porter la guerre civile dans la Péninsule. Mais , par suite des menaces faites par Ferdinand VII d'user de représailles envers la France , ces derniers reçurent contre-ordre dans le trajet (2), et les révolutionnaires espagnols , livrés à leurs propres forces , échouèrent misérablement dans deux tentatives désespérées. Ferdinand reconnut Louis-Philippe , mais le parti démocratique espagnol conserva un long ressentiment de l'abandon du gouvernement français.

Des écueils d'une autre nature attendaient la royauté nouvelle. Lors de l'installation du ministère Laffitte , Louis-Philippe insista pour obtenir une loi qui réglât sa liste civile , et il communiqua à ce ministre un état des besoins du trône , dont le chiffre s'élevait à 20 millions. M. Laffitte exhorta le

(1) Chambre des députés, séance du 21 septembre 1831.
(2) Il en coûta de 15 à 18,000 francs à la mairie de Lyon pour empêcher ces volontaires de séjourner dans cette ville.

prince à retirer ce document, en l'assurant que le cabinet était à peu près d'accord pour demander 18 millions, et le roi promit de n'y point donner suite. L'étonnement de M. Laffitte fut grand, quand il apprit que la note en question avait été remise à la commission de la Chambre chargée de l'examen du projet de loi, où elle avait produit l'impression la plus défavorable. Il s'en plaignit vivement au roi, qui s'excusa sur les obsessions qui lui avaient été faites. Il fallut remédier aux effets de cette démarche malencontreuse, et ce fut par un artifice peu digne de la majesté royale qu'on y réussit en partie. Louis-Philippe, par une lettre confiden-tielle à son ministre, blâma l'indiscrétion qu'avaient commise les gens de sa maison, et désavoua toute communication faite en son nom sur ce *désagréable sujet*. M. Laffitte donna secrètement connaissance de cette lettre aux membres de la commission, et le projet de loi fut retiré. La liste civile fut fixée plus tard à 12 millions, auxquels les Chambres ajoutèrent 1 million de dot pour le prince royal, et une allocation de 1500 mille francs, représentant les sommes touchées par le roi depuis son avènement jusqu'au 1er janvier 1832. Mais l'ensemble de ces débats, aiguisés par les piquants pamph-lets de M. de Cormenin sur les ressources et les prétentions de la couronne, et surmontés par un discours âpre et sévère de M. Dupont de l'Eure, produisit un regrettable effet. Ils fortifièrent le grief le plus impopulaire sinon le plus fondé qui s'élevât contre Louis-Philippe, celui d'une cupidité peu ro-yale. Ils rappelèrent en outre l'attention publique sur un fait licite sans doute, mais profondément impolitique : à savoir, l'acte par lequel, la veille de son avènement, ce prince, au lieu de confondre ses biens personnels avec le domaine de l'Etat, suivant l'antique usage de la monarchie, en avait disposé en faveur de sa famille. Cette discussion fut marquée de plus par un incident fâcheux. L'un des ministres, M. de

Montalivet , ayant qualifié de *sujets* les membres de la nation française , la susceptibilité la plus impétueuse se manifesta dans une partie de l'assemblée, et M. Odilon Barrot fut chargé de rédiger une protestation formelle « contre un mot inconciliable avec le principe de la souveraineté nationale. » Cette protestation , que signèrent 134 députés , eut pour effet de faire disparaître désormais la qualification proscrite des rapports adressés au roi par ses propres ministres.

Les exigences de la liste civile parurent d'autant plus onéreuses, que la position financière de la France était loin de s'être améliorée par la révolution de juillet. Le budget de 1831 avait présenté un accro ssement de 300 millions sur le dernier budget de la Restauration ; les recettes de l'Etat , si prospères pendant les premiers mois de 1830 , n'avaient cessé d'aller en diminuant , et déjà commençait à se creuser ce gouffre du déficit qui devait s'élargir progressivement jusqu'à la chûte de la monarchie , à laquelle il a tant contribué. Ainsi s'était évanouie au bout de quelques mois , sous l'empire d'une inexorable réalité , cette illusion d'un *gouvernement à bon marché* qui avait tenu une si large place parmi les promesses du nouvel établissement.

Quelque fâcheuse que fût sous ce rapport la situation matérielle de la France , le désordre des esprits était plus grand encore. Nées du malaise profond qui minait les existences , et de ce besoin inquiet de paradoxe et de controverse qu'engendrent les révolutions , plusieurs associations suspectes se disputaient le sol ébranlé. Indépendamment des clubs et des sociétés secrètes , dont la réorganisation menaçait la France de longues et nouvelles convulsions , le saint-simonisme , ce modeste et dangereux précurseur du communisme , remuait au nom d'une formule spécieuse tous les fondements du vieil ordre social. L'abbé de La Mennais prêchait éloquemment dans l'*Avenir* l'émancipation absolue des peuples et l'abandon des maximes gallicanes qui , pendant tant de siècles , avaient préservé la France du joug théocratique. Enfin , un ecclésiastique moins digne encore de ce titre , l'abbé Châtel aspirait à étouffer dans les égarements du schisme le plus criminel les consolations que la religion seule pouvait offrir à la société troublée. Le sens moral public s'affaiblissait visiblement au milieu de cette anarchie des idées et des opinions. Tout tendait à s'amoindrir. Les fonctions publiques , convoitées avec une avidité déplorable , mais remplies généralement sans amour du devoir , sans passion pour le bien , cessaient d'apporter à leurs possesseurs ce lot d'honneur et de considération qui , dans d'autres temps , avait composé parmi nous leur plus bel apanage. La plupart des prévenus renvoyés devant les tribunaux y rencontraient une scandaleuse absolution. L'opinion publique, cet arbitre antique et suprême en matière d'honneur , perdait de plus en plus cette rigueur de délicatesse, et , si l'on peut dire , cette fleur de sévérité qui , chez un peuple jaloux des moindres bienséances , avait élevé si haut la puissance de ses oracles. Ce désordre des esprits gagnait jusqu'aux formes extérieures de la société. L'urbanité française , si vantée , disparaissait insensiblement de nos mœurs sous l'impression desséchante de l'égoïsme et de la licence (1) ; tout , jusqu'à nos habitudes domestiques, se ressentait du relâchement de l'autorité et de l'infirmité radicale du principe sur lequel elle reposait.

Cette époque parut favorable au parti légitimiste pour essayer une démonstration qui ne servit qu'à réveiller l'irritation révolutionnaire et à constater l'impopularité du principe

(1) Un Américain illustre qui revoyait la France après trente ans d'éloignement, interrogé sur le changement qui l'avait le plus frappé dans nos mœurs, répondit sans hésiter : « la disparition de la politesse. » (C. Bonjour, *Mélanges de la Société philotechnique*).

auquel il s'était dévoué. Le 14 février 1831, à la célébration
de l'anniversaire de la mort du duc de Berri, dans l'église de
Saint-Germain-l'Auxerrois, un jeune homme s'avança vers
le catafalque et y attacha sous une couronne d'immortelles
une lithographie représentant le duc de Bordeaux. Cette simple démarche, accomplie au milieu d'une assistance nombreuse
et sympathique, détermina soudain dans la capitale une immense commotion. Le peuple, excité par la jeunesse des écoles, se rua avec fureur sur l'église de Saint-Germain, dont
le mobilier fut dévasté et brisé au milieu d'odieuses profana-
tions. Deux expéditions, dirigées par les sociétés secrètes, me-
nacèrent l'Archevêché et le Palais-Royal. Faiblement ému
d'une insurrection qui ne s'adressait qu'à la dynastie déchue,
Louis-Philippe songea surtout à garantir sa demeure, et
abandonna sans défense aux fureurs de la multitude le palais
de l'Archevêché, dont le sac fut complet. Tout ce qu'avait épargné la populace, aux journées de juillet, fut brûlé, pillé ou
précipité dans la Seine. A la suite de ces douloureux évènements qui, sans amener aucune répression, provoquèrent d'a-
mères récriminations entre les partis, la Cour effrayée fit effacer ses propres armes des édifices publics de la capitale. La
Fayette, dont les rapports avec le Palais-Royal n'avaient pas
encore entièrement cessé, blâma hautement cet acte de condescendance : « J'aurais supprimé les fleurs de lys, dit-il au
roi, tous les jours qui ont précédé, tous ceux qui ont suivi
le jour où vous les avez fait disparaître (1). »

Le même mois de février vit éclater les insurrections de
Modène et de Bologne. Avant de tenter cette périlleuse levée
de boucliers, les patriotes italiens avaient envoyé des députés
à Paris pour pressentir le gouvernement sur le cas probable
d'une intervention armée de la part de l'Autriche. Ces envoyés

(1) *La Fayette et la Révolution de 1830*, tome 2.

obtinrent du ministère, et même, dit-on, du duc d'Orléans en personne, l'assurance qu'une telle intervention déterminerait l'irruption simultanée d'une armée française en Italie. Les insurrections eurent lieu ; mais les ministres de Louis-Philippe, cédant aux inspirations de sa timide politique, désavouèrent toute solidarité avec les insurgés et retinrent en France tous ceux des réfugiés italiens qu'appelait dans la Péninsule le cri de l'insurrection. Encouragé par cette défection, M. d'Appony, ambassadeur d'Autriche, annonça au Palais-Royal l'intervention prochaine de son gouvernement dans le duché de Modène, et le ministère autrichien accueillit par une notification analogue la déclaration du maréchal Maison, alors ambassadeur à Vienne, qui interdisait formellement à l'Autriche l'entrée des États romains. Le maréchal ressentit vivement cette injure et pressa son cabinet de prendre l'initiative de la guerre en jetant sur le champ une armée française sur le territoire piémontais. Cette dépêche, remise le 4 mars au général Sébastiani, ne fut connue que le 8 mars de M. Laffitte, qui se plaignit de ce retard, mais n'obtint qu'une excuse frivole. Il offrit sa démission au roi, en la motivant soit sur le mystère qui lui avait été fait, soit sur la tendance contre-révolutionnaire du gouvernement. Louis-Philippe résista obligeamment. Une conférence entre les ministres eut lieu le 9 mars ; mais on ne put réussir à s'entendre, et M. Laffitte lui-même conseilla au roi de faire appeler M. Casimir Périer. C'était aller au devant des vœux secrets de Louis-Philippe. Le nouveau cabinet fut formé le 13 mars. Il se composait de M. Périer, ministre de l'intérieur et président du conseil, du baron Louis, successeur de M. Laffitte au département des finances. Le maréchal Soult avait remplacé précédemment le général Gérard au ministère de la guerre, où son impulsion habile et active, en rétablissant la discipline dans l'armée, s'était déjà manifestée par les plus heureux résultats. La simarre de Lhospital et de d'Aguesseau

alla revêtir M. Barthe, ancien affilié de la société des *carbo-*
nari. MM. Sébastiani, de Montalivet, d'Argout et l'amiral de
Rigny complétaient ce cabinet, pris en entier dans la nuance
doctrinaire.

La retraite de M. Laffitte, le caractère notoirement absolu de
M. Périer, son peu d'empressement à saluer le triomphe révolutionnaire de 1830, toutes ces choses annonçaient assez
un changement complet dans la politique ostensible de Louis-
Philippe, et son intention arrêtée de substituer un régime fort
et régulier au système de tolérance et d'impunité qui avait signalé les premiers mois de son règne. Aussi la promotion du
nouveau ministère fut-elle accueillie comme une espèce de
défi jeté par le trône au parti qui aspirait à faire produire à la
révolution de juillet ses conséquences les plus extrêmes. Cette
impression rejaillit jusque sur la Cour, dont le premier ministre ne conquit l'assentiment tacite qu'avec l'assistance personnelle du roi (1). M. Périer exposa son système politique
à la Chambre avec une âpre franchise qui, dans l'état de fluc-
tuation où le dernier cabinet avait laissé les esprits, devait
réussir auprès de la majorité. A l'intérieur, répression énergique de tout appel à l'insurrection ; au dehors, application
rigoureuse du principe de non-intervention, point de guerre
sans un intérêt direct pour la France, tel fut dans sa bouche
le programme du nouveau ministère. Ce programme fut mis
bientôt en action par la demande d'une loi sur les attroupe-
ments, par d'habiles et fructueuses mesures contre la ligue
appelée *Association nationale,* et par d'énergiques attaques
contre les sociétés secrètes, ce redoutable dissolvant de tous
les pouvoirs. L'abandon des insurgés italiens et l'éclatant rappel du général Guilleminot, ambassadeur à Constantinople,
qui avait adressé au divan une note menaçante contre la

(1) *Histoire de dix ans,* par Louis Blanc ; tome 2, pa 429.

Russie, achevèrent de sanctionner le manifeste de M. Périer.
Ce ministre jugea convenable de constater la popularité du
roi ou d'y ajouter par un voyage dans les contrées les plus
florissantes de la France. Louis-Philippe consacra une partie des mois de mai et de juin à parcourir les départements
de la Normandie et ceux de la Lorraine, et reçut partout le
même accueil que Charles X avait rencontré en Alsace quelques mois avant son renversement. Les journaux ministériels
firent valoir cet empressement comme une approbation non
équivoque du système politique inauguré par le cabinet du
13 mars. Les partis hostiles, par une allusion assez piquante
à l'ancienne profession du premier ministre, dirent que Louis-
Philippe s'était fait en cette circonstance *le commis-voyageur de
la maison Périer*. Cependant ce bon accueil fut troublé par
une allocution presque sévère du conseil municipal de Metz
contre l'hérédité de la pairie, et la garde nationale ayant voulu
exprimer la même opinion, le roi interrompit l'orateur avec
vivacité, et lui arracha son discours.

La dissolution de la Chambre, que M. Périer fit suivre
d'une circulaire énergique au sujet des élections, amena une
majorité dévouée aux intérêts de la révolution, mais sans vues
fixes et arrêtées. Le discours de la couronne se distingua par
une certaine fermeté de langage qui signalait l'influence du
chef du conseil; mais on remarqua avec surprise que le ministre vérifiait audacieusement l'exactitude du débit royal sur
une copie de ce document; circonstance qui caractérisait
assez ses rapports avec le monarque dont il avait acccepté
bien plus que salué l'élévation.

En réalité, M. Périer vendait cher ses services au roi dont
sa fermeté consolidait la puissance. Ce n'étaient plus le dévouement affectueux, les rapports bienveillants de M. Laffitte,
et l'obligation où Louis-Philippe s'était trouvé de se séparer
de son ancien ami, pesait sur lui d'autant plus vivement qu'il

s'y mêlait aux yeux du public l'apparence d'une odieuse ingratitude. La révolution de 1830 avait déterminé dans la situation financière de M. Laffitte un embarras que Louis-
Philippe s'était efforcé de dissiper en lui achetant secrètement
au prix de 9,400,000 fr. la forêt de Breteuil. Laffitte reprochait
au monarque d'avoir, par une injurieuse défiance, violé ce
secret si important à son crédit en faisant enregistrer cet acte
de vente. Ce grief, longtemps concentré dans l'âme du premier
ministre, ne fit explosion qu'après sa sortie du conseil. Com-
pliqué de détails qui se dérobent à une étude historique, envenimé par les efforts de l'esprit de parti et par l'âpreté des
répliques mutuelles, il amena graduellement entre ces deux
hommes une rupture irrémédiable, rupture, il faut le dire, plus
fatale au roi qu'à son ancien ami. Car M. Laffitte, homme d'état
sans valeur, mais citoyen irréprochable, conserva jusqu'à
sa mort (1844) cette auréole de popularité à la faveur de laquelle il avait fait une révolution.

Le cabinet n'écarta qu'à cinq voix de majorité M. Laffitte
de la présidence de la Chambre, et M. Dupont de l'Eure fut
élu vice-président à la majorité de dix voix. Ce double échec
entraînait sa dissolution, lorsque la brusque irruption de
l'armée hollandaise en Belgique le détermina à se reconstituer
et à essayer un nouvel appel à l'opinion de la Chambre. Sans
égard pour le droit de non-intervention si hautement proclamé,
l'envoi d'une armée française en Belgique fut décidé, « non
pour soutenir le principe révolutionnaire, mais pour faire res-
pecter les décisions de la conférence de Londres. » Cette démonstration força les Hollandais à évacuer le territoire belge,
mais la France n'en retira point les avantages qu'elle était en
droit d'espérer.

La révolution de juillet avait allumé en Pologne, depuis un
an environ, le feu d'une vaste insurrection que le gouverne-

ment français ne secondait que par des vœux impuissants ou
équivoques. Cette insurrection se distinguait de celles d'Espagne et d'Italie par cette circonstance spéciale qu'elle n'avait
reçu du cabinet du Palais-Royal aucun encouragement préa-
lable ; l'ukase qui donnait une avant-garde polonaise à l'armée
russe prête à envahir la France révolutionnaire, avait seul précipité l'explosion. Après avoir lutté avec une intrépide constance
contre les gigantesques ressources de la Russie, ce peuple généreux épuisait ses derniers efforts. Ce fut le 15 septembre
1831 que parvint à Paris la nouvelle de la reddition de Varsovie. La stupeur fit bientôt place à l'exaspération ; on courut aux armes ; une voiture qui portait MM. Sébastiani et
Périer fut arrêtée par la populace sur la place Vendôme, et
ces ministres ne durent qu'à leur courage personnel le salut
de leur vie. Cette douloureuse péripétie, qui froissait à un
si haut point les sympathies populaires, amena de vifs débats
à la Chambre entre MM. Mauguin, Thiers, La Fayette et
Périer. L'opposition, encore exaspérée par le mot fameux et
cruel du général Sébastiani, *l'ordre règne à Varsovie,* ré-
clama une enquête sur la politique du ministère. Mais M. Périer obtint de la Chambre ce fameux ordre du jour motivé,
qui, sanctionnant par une approbation catégorique et définitive la politique extérieure du cabinet, lui permit enfin d'établir un régime régulier dans l'administration du pays. Les
héroïques convulsions de la patrie de Sobieski et de Kosciusko
n'aboutirent qu'au vœu stérile du maintien de la nationalité
polonaise, formulé depuis lors dans toutes les communications
annuelles des Chambres avec le roi.

La question de l'hérédité de la pairie préoccupait vivement
les esprits. L'opinion personnelle de Louis-Philippe était en
faveur de ce privilége, et M. Périer se prononçait dans le même
sens. Mais la destruction de l'hérédité était la conséquence iné-

vitable d'une révolution faite surtout en haine des supériorités
originelles, et la Chambre élective, en la décrétant, n'accorda
pas même au ministère l'espoir d'une révision future. L'opposition de la Chambre des pairs n'était pas douteuse. Il fallut la
briser par la promotion de 36 membres nouveaux. Cette session
fut marquée par l'adoption du projet de loi relatif au bannissement des Bourbons de la branche aînée; projet auquel MM.
Baude et Bricqueville avaient successivement attaché leur nom,
mais qui ne dut sa forme définitive qu'à la sanction de ce
même prince qui leur avait juré tant de fois amour et fidélité !

Une insurrection victorieuse, celle des ouvriers lyonnais,
marqua les derniers mois de cette année commencée par une
émeute anti-légitimiste. Le gouvernement célébra, dans son imprévoyance, l'innocuité politique de ce douloureux conflit. Que
d'enseignements, toutefois, dans cette émotion populaire contre
l'aristocratie commerciale qui avait tant contribué à la révolution de juillet, et qui retrouvait aujourd'hui dans la mollesse
ou l'indiscipline de la force armée le fruit de ses propres prédications ! Quel sinistre avant-coureur de cette redoutable tempête sociale que le dix-neuvième siècle recelait dans ses flancs !
La présence du duc d'Orléans et du ministre de la guerre im-
prima à la rentrée des troupes un certain appareil ; mais la
répression de cet attentat à l'ordre public fut à peu-près nulle
et se ressentit du désordre et du relâchement des esprits.

Ces échecs multipliés n'attiédissaient point l'énergie du
pouvoir. L'action du ministère public, confiée à M. Persil,
magistrat d'un âpre et stoïque dévouement , espèce de Jef-
frys modifié par la civilisation moderne , pesait avec achar-
nement sur la presse qu'elle soulevait encore par la rigueur inusitée des arrestations préventives. Chaque jour apportait un nouveau démenti à cette imprudente parole du duc
d'Orléans, lieutenant-général : *Il n'y aura plus de procès de*

la presse (1). Ces rigueurs n'étaient que trop autorisées d'ailleurs par les complots politiques que faisait éclore cette tumultueuse époque. La conspiration des tours de Notre-Dame, celle de la rue des Prouvaires, ouvertement dirigée contre la famille royale, les troubles de Grenoble, réprimés avec une violence sauvage, ne furent que le prélude d'agressions plus menaçantes.

Cependant les mouvements de l'Italie s'étaient apaisés, et les Autrichiens avaient évacué les États romains, lorsque la survenance de nouveaux troubles, motivés par l'insuffisance des concessions pontificales, détermina le Pape à réclamer de rechef l'assistance de ses alliés. Cet appel fut entendu, et les Autrichiens rentrèrent à Bologne. Cette irruption inspira à M. Périer une résolution hardie. Pénétré de la nécessité d'étouffer par quelques satisfactions légitimes les germes d'une insurrection qui pouvait embraser l'Europe, il dirigea par mer une expédition sur Ancône et fit occuper cette ville dans la nuit du 22 février. Cet acte de vigueur, entrepris contre la volonté ou du moins sans le consentement formel de Louis-Philippe, mit la diplomatie en émoi. La cour de Rome se plaignit amèrement, et le cabinet de Vienne demanda des explications. M. Périer opposa à ces réclamations une inaltérable impassibilité, et soutint la dignité française avec une constance à laquelle parut s'associer généreusement le monarque dont il avait entraîné le concours. Mais le mérite de cette entreprise, amoindri ou dénaturé par l'esprit de parti, ne fut convenablement apprécié que lorsque, six ans plus tard, le ministère Molé condescendit à évacuer Ancône malgré les

(1) Au commencement de l'année 1834, la somme des condamnations prononcées en matière de presse s'élevait à 65 ans 9 mois d'emprisonnements, et à 331,505 fr. d'amendes.

clameurs de l'opposition qui s'était montrée si indifférente à
son occupation. L'expédition d'Ancône, ce trait d'énergie qui
a fait le plus d'honneur au gouvernement de juillet, fut le dernier acte remarquable du ministère de M. Périer. Cet homme
d'état, plus distingué sans doute par la droiture et la fixité
que par l'élévation de ses vues, par la décision que par le
désintéressement de son caractère, quitta le pouvoir avec la
vie, dégoûté des efforts impuissants qu'il avait prodigués au
rétablissement de l'ordre, et murmurant jusqu'au bord de la
tombe d'amères imprécations contre la politique pusillanime
qui avait trop souvent enchaîné les élans de son patriotisme.
A la nouvelle de sa mort Louis-Philippe ne répondit que
par cette froide exclamation : « Est-ce un bien, est-ce un
mal ? » expression trop fidèle des inquiétudes où les témérités
du ministre avaient jeté cette ame profondément machiavélique, et indifférente à tout, hors à la conservation du pouvoir.
Un fléau destructeur, né sur les bords du Gange et importé
en Allemagne à la suite de la guerre de Pologne, le choléra-
morbus, vint faire une diversion redoutable aux dissentiments
politiques. Paris, surtout, fut l'objet de ses rigueurs. On
évalua à plus de dix-huit mille le nombre des victimes qu'il
moissonna dans une invasion de moins de deux-cents jours.
En ces circonstances critiques, le roi et sa famille se montrèrent observateurs fidèles de tous les devoirs du rang suprême.
Ils ne désertèrent point, à l'exemple de tant d'autres, le poste
du péril, et contribuèrent par leur courage, leurs exhortations et leurs secours, à adoucir les atteintes de l'épidémie.
Mais on fut généralement frappé du peu de place que l'autorité publique donna aux idées religieuses, parmi les encouragements ou les consolations qu'elle s'efforça de faire pénétrer dans les esprits.
Cependant de vastes événements se préparaient. Depuis
son exil du territoire français, la duchesse de Berri n'avait

cessé de rêver aux moyens de reconquérir le trône de son fils. Après de longues et épineuses négociations, cette princesse avait obtenu de Charles X, au mois de mars 1831, une déclaration qui lui conférait le titre de régente du royaume pendant la minorité du duc de Bordeaux. Partie le 17 juin d'Holyrood, première résidence que s'était assignée l'infortune de Charles X, elle se rendit par Mayence, le Tyrol et Milan à Gênes, où le roi de Sardaigne lui offrit la plus libérale hospitalité, et de là à Massa, dans les états du duc de Modène, où se réunirent autour d'elle les principaux chefs du complot légitimiste. Les dispositions des puissances étrangères furent interrogées. Beaucoup de bienveillance, quelques vagues promesses de secours éventuels, des vœux secrets, des sympathies plus ou moins décidées, voilà quel fut le résultat de ces investigations. La duchesse de Berri n'avait donc rien à attendre que de son courage, de la sainteté des droits qu'elle aspirait à faire triompher, du dévouement de ses amis. Elle se flattait d'ailleurs que la situation précaire et périlleuse de la France absoudrait son entreprise aux yeux de ceux mêmes qui n'en reconnaîtraient pas la légitimité.

Le 24 avril 1832, Marie-Caroline se rendit à bord du *Carlo-Alberto*, où l'attendait le petit nombre de fidèles qui devaient partager les hasards de son expédition. Six jours après, quelques-uns d'eux essayaient sans succès un mouvement sur Marseille ; tout échouait devant les dispositions de l'autorité. La duchesse résolut sur le champ de se rendre en Vendée, et traversa résolument la France, affrontant mille obstacles, mille périls, mille disgrâces ; rien ne put abattre son courage maternel. Mais l'enthousiasme des Vendéens était loin d'être universel. Le mauvais succès des derniers complots avait glacé les dispositions des royalistes parisiens. M. Berryer accourut pour conjurer la princesse de quitter la Vendée. Mais la belliqueuse mère du duc de Bordeaux avait ordonné une prise d'armes générale pour le 24 mai. Comment renoncer aux espérances qu'elle caressait depuis si longtemps avec tant de ferveur ! Comment-abandonner sans coup férir cette terre classique de l'héroïsme monarchique ! L'insurrection prescrite fut seulement différée. L'histoire redira les résultats de cette courte campagne, conduite sous l'impression d'un découragement presque général, mais dont les brillants faits d'armes deVieille-Vigne, de Riaillé, du Chêne, de la Pénissière, suffiront pour perpétuer le souvenir. Les Vendéens furent vaincus, massacrés ou dispersés, et la duchesse vint abriter audacieusement dans les murs de Nantes une existence de plus en plus menacée. De sa retraite, elle écrivit à sa tante, la reine des Français, une lettre pleine d'onction et de dignité pour lui recommander les Vendéens tombés au pouvoir du gouvernement. Cette lettre fut rendue à l'officier qui s'en était chargé : la reine avait refusé de la recevoir ; la politique étouffait la voix du sang, et les nobles inspirations de l'exil s'étaient perdues sans écho au pied du trône ! Quelques mois plus tard, M. Berryer fut traduit devant la cour d'assises de Blois, et triomphalement acquitté. Les passagers du *Carlo-Alberto* trouvèrent également grâce devant un jury royaliste.

L'insurrection de l'ouest était à peine étouffée, que le gouvernement dut se préparer à de nouveaux combats. Un des orateurs des plus véhéments de la gauche parlementaire, le général Lamarque venait de mourir. Ses obsèques, fixées au 5 juin, développèrent dans la capitale le mouvement le plus grave qui y eût éclaté depuis les journées de juillet. Le parti démocratique, vivement impressionné par la publication récente du *Compte-Rendu* de l'opposition, s'y trouvait représenté par de nombreux délégués des sociétés secrètes. La vue d'un bonnet phrygien, que La Fayette repoussa avec horreur, détermina l'explosion. En un instant, Paris fut en feu. Résolus à périr ou à renverser la monarchie, les insurgés s'emparèrent de plusieurs points importants, et concentrèrent le gros de leurs forces dans le quartier Saint-Martin. Les chefs militaires du gouvernement éprouvèrent un moment d'indécision cruelle, et le maréchal Soult lui-même se fit remarquer dans le principe par une mollesse d'agression qui sembla d'un fâcheux augure. Réunis comme au 28 juillet pour arrêter l'effusion du sang, les députés de l'opposition résolurent d'envoyer au roi des commissaires pour l'exhorter à ne point abuser de la victoire qui se déclarait en sa faveur ; ils devaient aussi représenter au roi les dangers de sa persistance dans un système politique qui compromettait de plus en plus l'honneur et la sécurité de la France. MM. Arago, Barrot et Laffitte furent désignés. Mais ils se présentèrent aux Tuileries au moment où Louis-Philippe, qui venait de reconnaître en personne les forces de l'insurrection, rentrait transporté des acclamations populaires décernées à son courage. Le roi écouta sans faveur les représentations qui lui furent faites, et défendit avec abondance et tenacité son système de gouvernement. Il repoussa vivement l'imputation de sympathiser avec le parti carliste, lui, dit-il, *le plus mortel ennemi des Bourbons de la branche aînée*, et déclara que « jamais l'émigration ne lui avait pardonné de ne s'être pas joint à elle. Je ne suis devenu roi, ajouta Louis-Philippe, que parce que moi seul je pouvais sauver la France de l'anarchie et du despotisme. » Puis, s'enivrant, pour ainsi dire, de la supériorité de position que venaient de lui faire les derniers événements, « l'élément des révolutions existe chez toutes les nations de l'Europe, et toutes *n'ont pas l'étoffe d'un duc d'Orléans pour les terminer*. En résumé, conclut-il, mon système de gouvernement n'a contre lui que les carlistes et les républicains (1). »

(1) Procès-verbal de l'entrevue de MM. Laffitte, Arago et Odilon Barrot avec le roi, le 6 juin 1832.

Le prise du cloître Saint-Méry, où une poignée de combattants défia pendant plusieurs heures les assauts d'une armée
entière, consomma la défaite de l'insurrection. La capitale
fut mise en état de siège malgré les promesses formelles du
roi ; mais la Cour de cassation décida que ce régime était contraire à la charte, et le gouvernement s'inclina sans résistance devant cet arrêt.

Les prospérités s'enchaînent comme les infortunes. Vainqueur à Paris et dans la Vendée, Louis-Philippe parut entrer
enfin dans une ère moins agitée, et plusieurs circonstances favorables à la consolidation de son trône se succédèrent rapidement.
Tandis que l'union de sa fille aînée avec le nouveau roi des
Belges (août 1832) rapprochait sa dynastie de la maison royale
d'Angleterre , la mort du jeune duc de Reichstadt écartait un
prétendant auquel les dispositions de l'armée, le mécontentement des esprits et la faveur croissante des souvenirs de l'Empire préparaient dans l'avenir des chances sérieuses. Cette
frêle existence s'éteignit sans bruit sur la terre d'exil, captive
de ce peuple que Napoléon avait vaincu tant de fois, et ce
fut un ministre du roi de France exilé qui répandit les dernières fleurs sur sa tombe. Louis-Philippe qui, dans cette
catastrophe, ne vit peut-être qu'un obstacle de moins à l'établissement de sa dynastie, était loin de pressentir qu'il aurait
quelques années plus tard a pleurer lui-même un jeune
prince né comme le fils de Napoléon sur les marches du
trône et destiné comme lui à s'y asseoir un jour !

Quoique le ministère eût secondé activement la couronne
dans le double et formidable choc qu'elle avait eu à soutenir, le
roi comprit l'insuffisance de ses conseillers en présence des

Chambres, et pourvut à d'indispensables changements. Le
duc de Broglie fut appelé aux affaires étrangères, M. Guizot
à l'instruction publique, et l'intérieur fut confié à M. Thiers,
qui avait fait preuve de courage et d'habileté dans les événements de juin. Le maréchal Soult garda le porte-feuille de
la guerre et reçut le titre de président du conseil (11 oct.).

Un des premiers embarras du nouveau ministère fut l'arrestation de la duchesse de Berri (7 nov.), livrée par la
trahison de Deutz au préfet Maurice Duval, un des séides les
plus abjects et les plus compromis du gouvernement de juillet. Le lendemain même, un petit brick de guerre conduisit
la princesse à la citadelle de Blaye, assignée à sa captivité
jusqu'à ce que le gouvernement eût ordonné de son sort.

L'impression de cet événement fut profonde et universelle.
Mille adresses partirent de tous les points de la France pour
rendre à la prisonnière de Blaye l'hommage d'un dévouement
tardif et impuissant. Mille voix s'élevèrent, les unes pour réclamer impérieusement la mise en jugement de la princesse,
comme une accusée ordinaire, les autres pour sommer le gouvernement de rendre à la liberté cette femme qui, disait le
plus éloquent de nos publicistes, « n'avait fait trembler que
des consciences surchargées et des mains enrichies de la dépouille de l'orphelin.... Les défaites de la duchesse de Berri,
ajoutait l'illustre écrivain, sont autant de victoires à qui la
fortune a refusé ses ailes (1). »

Au milieu de ces sommations contradictoires, le gouvernement ne repoussait qu'un parti : celui de livrer aux tribunaux la duchesse de Berri, mise en dehors du droit commun
par une loi politique de bannissement ; mais sa décision se
fondait sur un motif plus spécieux que solide. La princesse

(1) *Mémoires sur la captivité de Madame la duchesse de Berri*, par M. de
Chateaubriand, 1855.

acquittée, il fallait, disait-il, absoudre tous les fauteurs ou
complices de l'insurrection vendéenne ; condamnée, on exposait ses juges à d'implacables vengeances (1). Il eût été plus
simple de reconnaître que la duchesse de Berri s'était consti-
tuée en état de guerre et non de rebellion envers Louis-
Philippe, et que, par sa mise en jugement, le cabinet des Tuileries craignait d'indisposer contre lui les puissances européennes. Mais le gouvernement ne pouvait tenir ce langage.
Il attendit donc, et fit annoncer que les Chambres seraient
appelées à statuer ultérieurement sur le sort de sa captive :
responsabilité dont les Chambres effrayées se déchargèrent à
leur tour sur le ministère.

Cependant , la santé de la princesse , qui avait résisté aux
épreuves les plus rudes de la guerre civile , s'altérait rapidement dans l'enceinte étroite qui lui était mesurée. Les rapports uniformes des médecins constataient l'insalubrité du
séjour de Blaye, et leurs conclusions confinaient à la libération absolue de l'auguste prisonnière. Ces instances pressantes,
la pacification définitive de la Vendée , la nature étroite des
liens de parenté qui unissaient Marie-Caroline au chef de
l'État, tout concourait à faire entrevoir sa mise en liberté prochaine , et déjà les journaux légitimistes commençaient à
murmurer de la durée de sa détention comme d'une barbarie
gratuite , lorsque quelques lignes insérées dans le *Moniteur*
du 26 février livrèrent au public étonné le secret de ces rigueurs. Marie-Caroline « pressée par les circonstances »,
disait-elle , » et par les mesures ordonnées par le gouvernement » , déclarait s'être mariée secrètement pendant son
séjour en Italie. Quelques jours plus tard , elle compléta sa
déclaration en faisant connaître que son époux était le comte
Luchesi-Palli , des princes del Campo Franco , gentilhomme
de la cour du roi des Deux-Siciles.

(1) *Deux ans de règne*, par M. A. Pépin, p. 382.

En présence d'une telle révélation, l'histoire s'arrête, et nul ne se sent en droit de profaner par un doute téméraire une affirmation revêtue de tous les caractères extérieurs de la vérité. Mais la déclaration de la duchesse de Berri inspira d'autres sentiments au gouvernement de Louis-Philippe qui, par ses organes habituels, exploita comme un grand scandale la situation qu'elle dénonçait. Le *Journal des Débats* triompha avec une joie cruelle de la *confusion* du parti légitimiste, et le ministère mit tout en œuvre pour obtenir la constatation légale d'un événement qui, dans son opinion, devait flétrir la prisonnière de Blaye d'une honte ineffaçable. Un officier-général courba son dévouement jusqu'à accepter la garde personnelle de la princesse. Cependant ces efforts n'atteignirent qu'imparfaitement leur but. L'authenticité de la déclaration du 26 février devint évidente (1), et la consistance politique de l'héroïque princesse en souffrit une atteinte irréparable ; mais la pensée impie qui avait inspiré sa divulgation, souleva toutes les âmes honnêtes. Ce roi d'un jour cherchant à venger de passagères alarmes par le déshonneur d'une nièce qui naguère le couvrait de sa vive et puissante affection, alluma assez d'indignation pour dévorer bien des incrédulités ombrageuses. Même aux esprits soupçonneux et sévères, le scandale de la vengeance parut supérieur au scandale de la faute. Marie-Caroline fut rendue libre aussitôt qu'on crut l'avoir déshonorée. Mais ce fut en vain que le plus constant athlète de la cause royaliste s'efforça de la faire maintenir dans la tutelle de ses enfants. En dépit des généreuses instances de M. de Chateaubriand, Charles X

---

(1) Cette authenticité avait été révoquée en doute par le parti légitimiste, et le pape Grégoire XVI dit énergiquement à quelqu'un qui l'entretenait de ce document : « C'est une pasquinade de plus ! *E una burla di più !*

refusa obstinément de voir désormais la régente de France
dans la comtesse Luchesi-Palli.

Louis–Philippe avait ouvert , le 19 novembre 1832 , la
session des Chambres. Il entrait à cheval sur le Pont-Royal à
la tête de son cortège , lorsque le bruit de la détonation d'un
pistolet se fit entendre à quelques pas de lui. Vainqueur d'une
courte émotion , le roi salua la foule , et parut à l'assemblée ,
où l'agitation de son débit révéla le danger auquel il venait
d'échapper. Ce danger avait été grave ; mais tel était le pouvoir de la presse , qu'elle parvint à faire illusion à plusieurs
esprits sur la réalité de la tentative et sur le sang-froid que
le roi lui avait opposé. On se plut à dire que le coup de pistolet du Pont-Royal *n'avait attrapé personne.* La police
se livra à d'actives recherches , dont le résultat fut d'amener
devant la cour d'assises de la Seine les nommés Benoît et Bergeron, républicains exaltés. Comme on demandait à ce dernier s'il avait réellement dit que le roi méritait d'être fusillé :
— Je ne me rappelle pas l'avoir dit , mais je le pense , répondit-il avec une audacieuse tranquillité. Cependant , les
charges , quoique sérieuses , parurent insuffisantes aux jurés,
et Bergeron demeura disponible pour d'autres complots. Ce
premier attentat contre la personne du roi laissa une impression généralement favorable au gouvernement ; il accusa tout
à la fois l'impuissance et la perversité de la faction anarchique , et cette impression justifia un mot fort répandu de M.
Dupin à Louis–Philippe : « Sire , *ils ont tiré sur eux* ! »

Mais ce qu'il fallait surtout à la monarchie nouvelle pour la
consolider dans l'esprit des peuples , c'était le baptême de la
gloire militaire. Cet avantage lui fut offert par la résistance du
roi de Hollande à se soumettre aux actes de la conférence de
Londres (1), et à évacuer la citadelle d'Anvers, qui était demeu-

(1) Traité du 15 novembre 1851.

rée au pouvoir de ce prince. Par une convention conclue le 22 octobre entre lord Palmerston et M. de Talleyrand, l'Angleterre et la France furent chargées de procéder à l'exécution de ce traité, et une armée française fut immédiatement dirigée vers la frontière belge. Les trois autres puissances contractantes, partagées entre leurs sympathies déclarées en faveur de la Hollande et la crainte de compromettre la paix générale en lui prêtant ouvertement appui, avaient pris le parti de demeurer spectatrices inactives de la lutte qui allait s'engager. Mais la France n'avait obtenu cette neutralité qu'au prix d'une condition également humiliante pour les deux peuples : c'est que les Belges s'abstiendraient de toute coopération aux mouvements de l'armée française. Tant on craignait la réunion même momentanée sous un même drapeau de deux nations inspirées par le principe révolutionnaire ! Toujours disposé à épargner à ses fragiles alliés toute espèce d'ombrage, Louis-Philippe exigea de plus que, dans le cas où notre armée aurait à repousser une attaque de la part des Hollandais, on respectât avec soin les limites de leur territoire.

Le siége d'Anvers, conduit avec une infatigable activité par le maréchal Gérard, eut la plus heureuse issue. La garnison hollandaise capitula le 23 décembre 1832, après dix-neuf jours d'une honorable résistance, pendant lesquelles la ville d'Anvers fut loyalement épargnée. Les ducs d'Orléans et de Nemours prirent une part glorieuse aux fatigues et aux dangers de cette entreprise. Mais la jalousie britannique n'épargna rien pour en amoindrir l'honneur. Notre brave armée eut à subir la présence d'un commissaire anglais chargé de surveiller ses mouvements militaires et de s'assurer qu'ils se renfermaient fidèlement dans le programme convenu entre les plénipotentiaires des deux nations. Cependant, ce beau fait d'armes parut relever la dynastie de 1830 dans l'estime

publique , et les Français lui tinrent compte de leur avoir
rouvert le chemin de la gloire. Le gouvernement sut entretenir
ce favorable élan par une satisfaction éminemment populaire,
à savoir le rétablissement de la statue de Napoléon sur la colonne Vendôme , d'où elle avait été précipitée en 1814. Mais
ces impressions ne désarmèrent pas longtemps le parti républicain, le seul qui menaça sérieusement le trône, depuis que
les espérances des impérialistes et des légitimistes avaient
paru s'anéantir devant la tombe du duc de Reichstadt et le
berceau de Blaye , et de nouvelles luttes devinrent im-
minentes.

Le signal fut donné par la *Tribune* , journal radical , qui ,
dans un article sur les fortifications de Paris , qualifiait de
prostituée la Chambre des députés. Des débats dont la vivacité
s'éleva jusqu'à l'injure , amenèrent à la barre de la Chambre
MM. Armand Marrast et Godefroy Cavaignac , rédacteurs du
journal incriminé. La défense fut agressive , pleine d'audace
et de révélations irritantes , et M. Marrast la termina par
une apostrophe menaçante contre les adversaires de la presse,
à laquelle la Chambre répondit par une condamnation sévère.
Mais la *Tribune* répliqua dans le sens de sa première inculpation, par une accablante énumération des députés qui participaient aux faveurs du pouvoir ; et ce dénombrement , rapproché d'une sentence célèbre de M. Viennet sur les vertus de
la *clé d'or* , fournit en quelque sorte les premières syllabes
du mot qui devait résumer le plus fidèlement les dernières
années du règne de Louis–Philippe. Ce mot fut celui de
corruption.

Un nouveau conflit ne tarda pas à s'élever à l'occasion des
crieurs publics qui colportaient dans les rues de la capitale
des brochures politiques non timbrées. M. Gisquet , préfet
de police , interdit la circulation de ces brochures et ordonna l'arrestation des distributeurs. Mais cette tentative

échoua devant le refus de concours des tribunaux, et surtout
devant la courageuse résistance de M. Rodde, rédacteur du
Bon Sens, qui vint braver en plein jour, sur la place de la
Bourse, l'action de la police, par une distribution personnelle des libelles interdits. Le pouvoir n'osa affronter les sympathies populaires prêtes à s'armer pour l'intrépide démocrate, et la faculté du cri public des écrits politiques fut
régularisée postérieurement par une loi dont il fallut protéger
l'exécution par des actes de violence.

La situation de l'Orient, où venaient de se passer de
graves événements, commençait, à cette époque, à fixer les
préoccupations inquiètes du gouvernement. La bataille de
Koniah avait eu lieu, et Mahmoud, menacé à la fois de
perdre la Syrie et la Turquie, tournait vers les Russes des
regards suppliants. Ceux-ci offrirent avec empressement leur
secours, et le général Mouravieff prépara tout pour une intervention énergique en faveur des vaincus.

Ces circonstances critiques avaient surpris le cabinet français sans ambassadeur auprès de la Porte. M. de Varennes,
chargé d'affaires, déploya à la hâte toutes les ressources de
son zèle ; et, sachant le vassal disposé à traiter avec son su-
zerain, il persuada au sultan Mahmoud d'envoyer sur-le-
champ en Egypte Halil-Pacha pour entrer en négociations.
Mais ses démarches se trouvèrent paralysées par un mouvement progressif d'Ibrahim, et rien ne parut propre à détourner l'assistance russe que les puissances occidentales de
l'Europe avaient tant d'intérêt à écarter. Cependant, le divan
inclinait à accepter les propositions de Méhémet-Ali, quelque
dures qu'elles fussent, lorsque l'arrivée à Constantinople de
l'amiral Roussin, ambassadeur de France, donna un autre

cours aux négociations. Il obtint que l'on contremanderait les secours russes , s'il était temps encore , et prit sur lui de garantir le maintien des contre-stipulations proposées par la Porte , et dont la principale consistait à garder le pachalik d'Adana. Mais il rencontra dans le vice-roi une résistance inattendue et que ne purent fléchir les efforts personnels de M. de Varennes. Le sultan accorda à son dangereux vassal tout ce qu'il voulut ; et les troupes russes , qui avaient eu le temps de débarquer à Constantinople , évacuèrent cette ville, après la signature du traité d'Unkiar-Skelessy. Ce traité stipulait une alliance défensive de huit ans entre la Porte et la Russie , et fermait le détroit des Dardanelles aux vaisseaux de toutes les autres nations. On verra plus tard quelles conséquences graves pour la France découlèrent de ce premier conflit entre les deux principaux représentants de l'islamisme.

Cette époque fut tristement mémorable par le traité que le gouvernement français conclut avec l'Angleterre sur le droit de visite, traité dont les stipulations, empreintes de tout le despotisme britannique, soulevèrent pendant plusieurs années le mécontentement toujours croissant du pays. Elle vit se former aussi, par la reconnaissance d'Isabelle, fille de Ferdinand VII, cette alliance avec l'Espagne dans laquelle Louis-Philippe, sans égard à sa protestation en faveur de la loi salique, prépara l'agrandissement futur de sa dynastie, intérêt dominant, j'ai presque dit exclusif de sa politique.

Mais de nouvelles agitations ne tardèrent pas à ramener son attention sur l'intérieur de la France.

Un fait lamentable avait vivement ému l'opposition. Un jeune député, ami particulier de M. Dupont (de l'Eure), M. Dulong, venait d'être tué en duel par le général Bugeaud, pour une allusion imprudente au rôle que le général avait récemment rempli auprès de la prisonnière de Blaye. L'exaspération s'accrut, quand on rencontra le concours plus ou moins direct

du roi mêlé à quelques épisodes de ce douloureux événement.
Un bal avait lieu le soir même à la Cour ; il ne fut point
contremandé. L'esprit de parti fit arme de toutes ces choses,
et l'irritation du parti démocratique contre la royauté y puisa
de nouveaux aliments. Bientôt se présenta l'occasion d'y
donner cours.

Les sociétés secrètes, développées sous l'influence délétère
du principe insurrectionnel de 1830, n'avaient cessé d'être
un obstacle au rétablissement de l'ordre public. Leur maintien
était devenu évidemment incompatible avec l'existence d'une
monarchie ; mais le point difficile était d'en opérer la dissolution sans recourir à des mesures arbitraires trop ouvertement
opposées à l'esprit de la constitution. Le ministère l'entreprit
par la présentation d'une loi qui atteignait indistinctement
tous les adhérents de ces sociétés, sans égard à leur nombre, et
qui attribuait à la juridiction correctionnelle la connaissance
du délit d'affiliation. Ce projet souleva une ardente opposition, du
sein de laquelle M. Berryer fit entendre son redoutable anathème
contre le *cynisme des apostasies*. La loi passa à une faible majorité ; mais son adoption même enfanta la terrible collision
qu'elle était destinée à prévenir.

Un cri de résistance partit de la *Société des droits de
l'homme*, et ce cri fut répété par la plupart des sociétés secrètes répandues sur la surface de la France. De tous côtés on
se prépara au combat. Mais nulle part cet appel à la révolte
ne retentit plus fortement qu'à Lyon, ville encore enivrée
de son triomphe éphémère de 1831, et où l'irritation des débats politiques se compliquait de la dissidence flagrante des rapports industriels. Livrés aux agitateurs qui depuis quelque
temps avaient envahi cette métropole manufacturière, les
ouvriers prirent les armes ; et, malgré la supériorité numé-
rique de la garnison et des ressources militaires, préparées de
longue main, l'insurrection, née le 8 avril, ne fut comprimée

que le 12, au prix d'une grande effusion de sang et de quelques actes d'iniquité et de barbarie malheureusement inséparables des discordes civiles. Saint-Étienne, Grenoble, Épinal et plusieurs autres villes furent le théâtre de mouvements analogues. Paris eut ses barricades le 13 et le 14 avril, et la rue Transnonain fut ensanglantée par des excès à jamais déplorables, auxquels les ressentiments de l'esprit de parti se complurent à mêler le nom du gardier de Blaye, du fatal adversaire de Dulong, de ce général Bugeaud, alors investi du principal commandement des troupes appelées à réprimer l'insurrection.

Ces douloureuses victoires procurèrent un assez long calme à la France attristée. Le ministère, dont l'élément répressif s'était fortifié par l'appel récent de M. Persil au département de la justice, usa avec empressement de son triomphe en présentant une loi rigoureuse contre les détenteurs d'armes de guerre, et en saisissant la Cour des pairs du jugement des accusés. Cette ordonnance, injurieusement attaquée par le républicain le plus considéré de son parti, Armand Carrel, fut l'occasion d'un procès dans lequel la Chambre vengea par une condamnation sévère sa dignité offensée.

Les accusés d'avril furent traduits devant la Cour des pairs au bout de treize mois de captivité. Les débats de cette affaire offrirent une confusion sans exemple dans les annales de la justice. Mise en présence de la plus haute juridiction du royaume, l'émeute parut à peine avoir changé de caractère. La voix des magistrats fut couverte à plusieurs reprises par les accents tumultueux des prévenus, qui envoyèrent à leurs juges les invectives les plus outrageantes et les plus passionnées. Un grand nombre, répudiant le rôle d'accusés pour se poser en ennemis vaincus, dédaignèrent fièrement de se défendre; et la plupart des condamnations furent prononcées sur de simples pièces. Triste effet des troubles civils de pervertir ainsi toutes les notions de la discipline et de l'autorité, et d'amener les sociétés humaines à ne plus reconnaître d'autre pouvoir que celui de la force, d'autre légitimité que celle de la victoire !

QUATRIÈME PARTIE.

L'insurrection d'avril 1834 fut la dernière émotion populaire qui troubla sérieusement le règne de Louis-Philippe,
avant l'éclatante catastrophe qui devait en amener le terme.
Mais une paix absolue n'était guère compatible avec l'origine tumultueuse de son pouvoir. Momentanément unis sous
l'impression du péril commun, pendant les premières années de la monarchie chancelante, ses partisans tendirent à
se diviser aussitôt que l'horizon politique parut reprendre
quelque sérénité. Dès-lors commencèrent pour l'établissement de juillet les embarras réels, ceux qui, n'exposant point
la société à un danger imminent, ne peuvent être conjurés par
l'emploi de la force matérielle, ou par un appel à ce besoin
de l'ordre dont le sentiment survit en France à toutes les
commotions civiles. Plus redoutables par leur caractère et

leur portée, ces embarras dérivèrent d'un défaut originel de
cohésion entre les éléments multiples qui composaient le
parti dynastique, parti d'intérêts plutôt que de principes. Ils
procédèrent de cette tendance à la domination, que le succès
inespéré de 1830, l'infixité logique des bases du gouvernement de Louis-Philippe, et son isolement réel au milieu de
l'Europe, devaient naturellement encourager dans les partis
opposés. Car, aux yeux de ces aspirants au pouvoir, qu'était
après tout Louis-Philippe, que le chef couronné d'une faction heureuse, accepté par la France comme une nécessité
accidentelle et temporaire ! Les émeutes avaient sauvé la
monarchie de 1830, en ralliant autour du gouvernement toutes les forces vives de la nation ; les luttes parlementaires
devaient amener sa ruine, en l'obligeant à opposer à la
constance de ses adversaires, deux armes promptes à s'é-
mousser: l'artifice et la corruption.

Cette situation se traduisit d'abord par des divisions intes-
tines dans le cabinet. Les doctrinaires et M. Thiers suppor-
taient impatiemment le joug despotique du maréchal Soult,
et le roi se vit avec peine obligé de sacrifier ce ministre
utile et dévoué. Le maréchal Gérard lui succéda au département de la guerre. M. Decazes, cet ancien et discret confident de Louis-Philippe, reçut dans la charge de grand-ré-
férendaire à la Chambre des pairs le prix de ses services
passés, et la monarchie de 1830 compta dans M. de Sémonville un ennemi de plus.

Mais ce remaniement ministériel ne fut que passager. Il
s'évanouit devant la question de l'amnistie politique qui depuis quelque temps occupait les esprits, et fit place à une
combinaison plus transitoire encore, à savoir celle du ministère des trois jours (10 novembre), lequel, formé sous l'influence d'une fraction de la Chambre, nouvellement désignée
du nom de *tiers-parti*, se composait de MM. Maret, duc de

Bassano, Bresson, H. Passy, C. Dupin, le général Bernard,
Teste et Persil. Ce ministère, personnellement agréable au
roi, à raison de la docilité présumée de ses membres, disparut promptement à son tour devant la surprise publique,
et le cabinet du 11 octobre se reconstitua sous la présidence
nominale du duc de Trévise, ministre de la guerre, sans
autre mutation que celle de l'amiral Duperré, qui remplaça
M. de Rigny, appelé aux affaires étrangères. La Chambre
des députés applaudit avec éclat à cette reconstitution, par
un ordre du jour motivé, qui fut comme la première déclaration de guerre du parlement à ce système de gouvernement
personnel, auquel le roi n'était que trop porté, soit par ses propres inspirations, soit par des encouragements plus ou moins
intéressés. Ainsi reparaissait, apres cinq ans d'une révolution
faite contre le principe monarchique, cet antagonisme éternel entre la prérogative royale et la prérogative parlementaire, entre le libre choix du trône et le contrôle des Chambres ; une de ces thèses interminables qui n'ont rien à gagner qu'à la conciliation des esprits, et qui mettraient l'univers en feu, sans amener aucune solution définitive. Dans
un écrit (1) publié à cette époque, M. Rœderer, l'ancien
procureur-syndic de la commune de Paris, le même qui, au
10 août, conseilla à Louis XVI sa retraite à l'Assemblée législative, défendit avec beaucoup d'habileté les droits de la
royauté contre l'oligarchie ministérielle et parlementaire.
Mais sa doctrine fut vivement combattue par tous les organes indépendants de l'opinion publique. Ce fut avec surprise qu'on remarqua dans leurs rangs le prince de la presse
départementale, M. Henri Fonfrède, un des plus habiles et des
plus vigoureux champions de l'établissement de 1830. D'une
conviction mobile, mais sincere, M. Fonfrède fut conquis

(1) *Adresse d'un constitutionnel aux constitutionnels*, 1835.

plus tard au système qu'il avait repoussé, et ce fut un mouvement de sincérité qui lui arracha ce témoignage si remarquable sous sa plume, que « les hommes de juillet valaient moins que ceux de la Restauration. »

La crise ministérielle n'avait été que suspendue par la combinaison qui plaçait le maréchal Mortier à la tête du cabinet, et la Chambre eut bientôt l'occasion de compléter sa victoire. Après quelques tâtonnements, la majorité se déclara en faveur du duc de Broglie, doctrinaire raide, dogmatique, opiniâtre, et que le roi ne voyait qu'avec déplaisir. Il fut appelé à la présidence du conseil avec le porte-feuille des affaires étrangères, et le maréchal Maison prit celui de la guerre.

Le premier soin de M. de Broglie fut de presser l'adoption d'un traité par lequel, en 1831, la France s'était reconnue débitrice envers les Etats-Unis d'une somme de vingt-cinq millions, pour indemniser cette république des prétendus dommages que lui avaient fait éprouver les décrets de Napoléon sur le blocus continental. La Chambre des députés avait, en 1834, refusé de sanctionner cette prétention, qui paraissait faiblement motivée. Mais elle triompha à la faveur surtout des instances personnelles du roi qui, par des négociations secrètes avec le président du congrès américain, s'était efforcé de calmer le mécontentement de cette assemblée, prêt à se traduire en hostilités déclarées. La créance des États-Unis fut reconnue, moins par conviction que par politique, malgré les éloquentes et énergiques protestations du duc de Noailles, et de M. Berryer, qui, l'un à la Chambre des pairs, l'autre à la Chambre des députés, personnifièrent en quelque sorte le dédaigneux accueil que le gouvernement de la Restauration avait constamment opposé aux réclamations du gouvernement américain.

La célébration du cinquième anniversaire de la révolution

de juillet fut marquée à Paris par une catastrophe sanglante
et terrible, et qui témoigna de la profondeur des ressentiments que certains esprits nourrissaient contre le chef de
l'État. Le 28 juillet 1835 , Louis-Philippe, accompagné de
ses trois fils aînés et d'un nombreux cortége, passait à cheval,
vers midi, sur les boulevards, la revue de la garde nationale,
lorsque, à la hauteur du Jardin-Turc, une effroyable décharge
d'armes à feu joncha le sol de morts et de mourants. Le
maréchal Mortier, le général Lachasse de Vérigny, le colonel Raffé, quelques gardes nationaux, et diverses autres personnes furent frappés mortellement. Le roi et le duc d'Orléans n'éprouvèrent que de légeres contusions, et poursui-
virent leur marche avec un inaltérable sang-froid, au milieu
des marques non équivoques de la sympathie publique.
Louis-Philippe n'avait dû la vie qu'au hasard le plus inespéré ! Le principal auteur de cet attentat, Fieschi, fut arrêté
sur le champ, et traduit quelques mois plus tard devant la
Cour des pairs, à la suite d'une instruction approfondie, qui
procura la découverte de deux de ses complices, les nommés
Pépin et Morey. Mais les informations de la justice, dirigées
avec une habileté singulière par le chancelier Pasquier, ne
purent pénétrer plus avant. Ces trois scélérats expièrent sur
l'échafaud leur épouvantable forfait.

Tous trois appartenaient à cette faction anarchique qui
avait juré haine irréconciliable à toute royauté. La Cour et le
ministère comprirent facilement quel parti ils pourraient tirer
de la stupeur et de l'indignation générales , pour obtenir des
Chambres une législation plus répressive de la licence effrénée
de la presse. La machine infernale de Fieschi fut l'origine des
lois de septembre qui, entre autres dispositions, placèrent la
personne du roi et le principe monarchique au-dessus de
toute controverse, déférèrent à la Cour des pairs la connaissance de tout attentat contre la sûreté de l'Etat, abrégèrent

l'action de la justice, rendirent l'institution du jury moins indulgente aux accusés, et circonscrivirent dans d'étroites limites la publicité des procès politiques. Cés dispositions, dont la sévérité contint pendant quelque temps l'exaltation des partis, furent complétées quelques années plus tard par l'insidieuse loi sur les annonces judiciaires, qui porta un coup mortel à la presse indépendante des départements. Le principal promoteur de la législation exceptionnelle de septembre fut, à la Chambre élective, M. Sauzet, orateur facile et disert, parlementaire intègre et conciliant, mais dénué de convictions politiques, et qui, plus tard, dans une occupation décennale du fauteuil de la Chambre, fit preuve d'une condescendance souvent excessive aux volontés de la Cour. M. Persil, garde-des-sceaux, formula, dans le cours de la discussion, cet aveu remarquable que si, pour sauver la monarchie, il fallait sortir des limites de la constitution, les ministres n'hésiteraient point à le faire. Déclaration fort légitime sans doute, mais qui impliquait, dans la bouche même de leur principal accusateur, l'absolution légale des ordonnances de juillet, prétexte de l'expulsion de trois générations de rois. Tant il est vrai que les mêmes conditions imposent à tous les pouvoirs les mêmes exigences, et que l'habileté gouvernementale consiste surtout à légitimer par la forme d'indispensables nécessités ! Les funérailles des victimes du 28 juillet furent touchantes et solennelles. M. de Quélen, archevêque de Paris, qui s'adressait pour la première fois au roi, depuis la révolution de 1830, fit entendre à cette occasion quelques paroles dignes et sévères.

Le ministère qui avait affermi la monarchie par les lois de septembre, tomba devant un vote de la Chambre sur la conversion des rentes. Le bruit s'accrédita que le roi n'était pas étranger à sa dissolution, par les divisions qu'il avait fomentées dans son sein, et qui devinrent le germe de l'anti-

pathie profonde qui ne cessa de régner depuis lors entre
M. Guizot et M. Thiers. Quoiqu'il en soit, ce dernier resta
maître du terrain, et, le 22 février 1836, un nouveau conseil se composa, sous sa présidence, de MM. Sauzet, de
Montalivet, Passy, Pelet, d'Argout, le maréchal Maison et
l'amiral Duperré. M. Thiers eut le porte-feuille des affaires
étrangères.

Ce ministère, dans lequel le roi se flattait de rencontrer
plus de docilité, se trouva dès son début en face de complications extérieures assez graves. Les trois puissances du nord
avaient fait brusquement occuper, au mépris des traités, la
république indépendante de Cracovie. Mais leur diplomatie
mit tant d'adresse à pallier cet acte de brutalité, que Louis-
Philippe et ses ministres fermèrent les yeux, et l'Angleterre,
privée du concours de la France, se vit réduite à une impuissante et stérile improbation. L'alliance anglaise éprouva
bientôt un échec plus sérieux encore. Lord Palmerston, ministre des affaires étrangères, aspirait avec ardeur à faire expulser de l'Espagne don Carlos, frère de Ferdinand VII, dont
l'avènement au trône eût compromis gravement l'influence britannique dans ce malheureux pays. Il pressa avec chaleur le
gouvernement français de coopérer à l'extinction de la guerre
civile, en vertu du traité de la quadruple alliance, par l'occupation du Passage de Fontarabie et de la vallée de Bastan.
Mais les conséquences européennes d'une démonstration aussi
directe ne pouvaient échapper à la clairvoyance de Louis-
Philippe, et le général Sébastiani, qui avait remplacé M. de
Talleyrand dans l'ambassade de Londres, eut ordre de répondre par un refus formel. L'irritation personnelle de lord
Palmerston contre la Cour des Tuileries s'accrut de cette résistance, et le cabinet français commença à prêter une oreille
complaisante aux agaceries périlleuses des Cours du nord,
qui, dans un esprit de commune inimitié, n'aspiraient qu'à

détacher la France de l'alliance anglaise, cette inexorable
fatalité de la monarchie révolutionnaire.

Ce fut un intérêt purement dynastique qui profita de la
condescendance du gouvernement dans l'affaire de Cracovie,
et de son refus d'intervention contre don Carlos. A la faveur
de cette double inaction, il s'établit entre le Cabinet des Tuileries et les Cours d'Autriche et de Prusse un rapprochement
dont Louis-Philippe crut devoir tirer parti pour donner l'essor
à un projet qu'une partie de sa famille caressait avec amour :
celui de marier le duc d'Orléans, son fils aîné, à une princesse de la maison d'Autriche. Les ambassadeurs allemands
furent pressentis sur un voyage du prince dans le nord de
l'Allemagne, et, d'après les réponses favorables de leurs cabinets, les ducs d'Orléans et de Nemours partirent immédiatement.

Ils furent accueillis avec un vif et sincère empressement
à la Cour de Berlin, où le vieux roi François-Guillaume n'a-
vait point encore fait place à son fils. Le même accueil prit
à Vienne un caractère moins politique et plus personnel, et
s'adressa surtout à l'esprit insinuant et facile, à la taille élé-
gante, à la figure régulière, bien qu'un peu efféminée du
duc d'Orléans. Mais ces hommages n'excédèrent pas les limites d'une gracieuse courtoisie. L'origine révolutionnaire
du prince s'éleva contre le succès de prétentions plus ambitieuses. En faisant écarter poliment et contre l'assentiment
de son propre père, la demande que le fils aîné de Louis-
Philippe avait faite de la princesse Thérèse, fille de l'archiduc
Charles, M. de Metternich dit avec tout l'aplomb d'un ministre indispensable : « J'aurais volontiers donné l'archidu-
chesse au duc de Chartres ; je ne puis l'accorder au duc d'Orléans. » Le jeune prince alla dévorer son humiliation à la
cour de Naples ; mais son frère et lui furent rappelés en
France par l'avis d'un nouvel attentat commis sur la personne

de leur père, le 25 juin 1836, au moment où il sortait des
Tuileries, pour se rendre au château de Neuilly.

L'assassin, nommé Alibaud, avait déchargé dans la voiture royale un fusil-canne dont le roi n'évita l'atteinte que
par le hasard d'un salut adressé aux gardes nationaux de service. Interrogé s'il avait des complices : « le chef de la conspiration, répondit Alibaud, c'est ma tête ; les complices, ce
sont mes bras. » Tout annonce, en effet, que ce fanatique
n'avait été poussé au crime que par la misère et par un
sentiment exalté des actes de rigueur auxquels le gouvernement avait eu recours contre les partis qui menaçaient son
existence. La Cour des pairs prononça une condamnation
capitale, qu'Alibaud subit avec fermeté.

Un journaliste destiné à faire plus tard quelque bruit dans
le monde politique, M. Emile de Girardin, fut à cette époque le promoteur d'une sorte de révolution dans la presse
périodique. Il abaissa le prix courant des journaux, et chercha une compensation à ce sacrifice, dans l'élévation du taux
des annonces mercantiles et surtout dans l'intérêt qu'il es-
pérait donner à sa feuille, par la publication successive des
productions de nos meilleurs romanciers. Cette idée, secrètement encouragée par le gouvernement, que M. de Girardin
servait avec intelligence et avec zèle, coûta la vie à M. Armand Carrel, écrivain estimé, républicain modéré, en qui le
parti démocratique avait placé depuis longtemps ses plus
chères espérances. Blessé de quelques suppositions équivoques, que la *Presse* avait hasardées sur son compte, il provoqua de M. Girardin une explication, dont le résultat fut un
duel. Le rédacteur du *National* succomba, vivement regretté
de son parti, et même d'un grand nombre de conservateurs,
qui pressentaient quels services l'ordre public était en droit
d'attendre de cet esprit lumineux et sage, si la France était

destinée quelque jour à subir une nouvelle épreuve du régime démocratique.

Mais l'idée perturbatrice de M. de Girardin devait coûter
à la France plus que la perte d'un homme honorable. Elle
activa puissamment la production et la propagation de ces
œuvres impies où, docile aux tendances dominantes de notre
siècle, l'imagination des romanciers, par un hideux étalage
des difformités du corps social, s'appliquait incessamment à
entretenir dans la classe populaire l'esprit de soulèvement et
d'hostilité contre les conditions supérieures, et à épuiser sa
résignation. La spéculation de M. de Girardin enfanta le roman systématique, œuvre informe, où les notions morales
et historiques furent lâchement faussées au profit des passions
de la multitude. Et le théâtre, en exploitant à son tour ces
fictions coupables, accrut largement un désordre dont la complicité sembla remonter au gouvernement lui-même, par
l'hospitalité que son principal organe ne dédaigna pas d'accorder à ces conceptions subversives. Tandis que, sous la
forme frivole du feuilleton, le roman battait ainsi en brèche
les fondements de la constitution sociale, l'ordre politique que
représentait la royauté de juillet, n'était pas plus ménagé par
la presse sérieuse. L'imprudente publication de *Deux ans de
Règne*, inspirée par la Cour, avait attiré dans le livre intitulé
Louis-Philippe et la Contre-révolution, le manifeste le plus
audacieux peut-être qui ait jamais été écrit contre aucun
chef d'État. Plus dangereux encore par un style plein de verve
et de couleur, et par une impitoyable dissection des hommes
et des évènements, l'*Histoire de Dix ans* dénonçait hautement
à des milliers de lecteurs l'élu de 1830, comme le grand
coupable auquel devaient s'adresser tous les ressentiments
des classes populaires, et « sapait comme un bélier les rem-
parts de la monarchie (1). » Comment s'étonner que des

(1) Expressions de Louis-Philippe.

vœux anarchiques et des attentats régicides sortissent incessamment d'une société abandonnée à de telles excitations !

M. Thiers s'était montre plus vivement blessé que Louis-
Philippe lui-même, de l'affront que le cabinet autrichien
avait fait éprouver à sa dynastie ; et, pénétré de cette idée
que la monarchie de 1830 ne pouvait espérer aucun appui
réel en dehors de l'alliance anglaise, il s'occupait à regagner
insensiblement les bonnes grâces de lord Palmerston, en reprenant, sur les instances de M. Mendizabal, alors ministre
dirigeant en Espagne , les projets d'intervention auxquels il
avait naguère refusé son appui. Une partie de la Cour abondait dans ce sens, et le duc d'Orléans y voyait l'occasion de
satisfaire un ressentiment personnel. Encouragé par une espèce d'adhésion tacite de Louis-Philippe, M. Thiers réunit
plusieurs milliers de volontaires sur la frontière espagnole, et
le général Bugeaud se préparait à en prendre le commandement, lorsque toutes ces dispositions échouèrent devant
la volonté formelle du roi , qui n'osa affronter le mécontentement des puissances continentales. Les ministres durent
se retirer devant cet obstacle, et, le 6 septembre 1836, un
nouveau cabinet, composé de MM. Molé, président et ministre des affaires étrangères, Persil, de Gasparin, l'amiral
Rosamel, le général Bernard, Duchâtel et Martin du Nord,
avait pris possession des affaires.

La Suisse était depuis quelque temps l'asile de réfugiés de
diverses nations, dont la présence et les menées inquiétaient
le gouvernement autrichien. Le cabinet de Vienne avait
pressé avec instance celui de Paris de solliciter leur expulsion,
et la police secrète de Louis-Philippe n'avait pas craint d'envoyer à Berne un agent provocateur appelé Conseil, pour
motiver par des instigations coupables l'emploi des mesures

auxquelles ce prince avait promis son concours. Cette démarche réussit, et **M. Molé**, trompé par les apparences, frappa
l'ancienne terre hospitalière du duc de Chartres, d'un blocus
diplomatique qui amena de la part de la Diète helvétique les
satisfactions exigées. Mais ce résultat affaiblit beaucoup
l'influence que le gouvernement de 1830 avait acquise en
Suisse, en protégeant les révolutions cantonnales qui s'y
étaient déclarées à la suite du mouvement de juillet, et
l'Autriche en tira plus de profit que la France.

Tandis que le cabinet du 6 septembre obtenait ainsi d'un
gouvernement faible une réparation facile, un prétendant
dangereux par le nom qu'il portait et par les idées auxquelles
ce nom servait d'emblème, menaçait le trône mal affermi de
Louis-Philippe. Le prince Louis Bonaparte, fils de la gracieuse Hortense de Beauharnais et de cet ancien roi de
Hollande qui avait fui son peuple pour ne pas l'oppri-
mer, essayait à Strasbourg, sur l'esprit des troupes (30
oct.) l'effet du costume historique de son oncle et des aigles
impériales. Ce spectacle, que complétait la bravoure d'un
prince jeune, entreprenant, et prodiguant pour ainsi dire sa
vie dans l'intérêt de son ambition, produisit quelque sensation parmi les militaires. Mais l'incertitude et la conception vicieuse des dispositions prises par le prince, firent
avorter cette courte émotion ; et Louis Bonaparte, tombé au
pouvoir de l'autorité militaire, fut dirigé sur Paris par la
même route qui, trente-deux ans auparavant, avait conduit
à la mort le malheureux duc d'Enghien. Accablé peut-être
du sentiment de cette terrible analogie, le neveu de Napoléon
manifesta dans ce trajet une affliction profonde. Mais le roi
des Français se montra plus clément à son égard que le premier consul n'avait été juste envers le petit-neveu de Louis
XIV. Louis Bonaparte, soustrait à l'action des lois, fut em-
barqué pour l'Amérique, ne laissant de son expédition que

l'idée d'une entreprise habilement conçue, mal conduite et destituée de toute chance sérieuse de succès.

Mais les conséquences politiques de cette expédition furent importantes. Le jury de Strasbourg acquitta les complices de Louis Bonaparte. Cette décision indisposa vivement le ministère et lui inspira un projet de loi en vertu duquel les militaires prévenus de crimes contre la sûreté de l'État seraient soustraits désormais à la juridiction civile, alors même qu'ils auraient des complices passibles de cette juridiction. Ces sévérités semblaient trop justifiées par un nouvel attentat commis sur la personne du roi, le jour (27 déc.) où il s'était rendu au Palais Bourbon pour ouvrir la session législative. Mais la Chambre des députés, à la majorité de deux voix, rejeta ce projet de loi, et cette résolution, dont le ministère aggrava l'effet par la demande intempestive d'une dotation en faveur du duc de Nemours, amena sa dislocation. Une guerre sourde et couver.e existait depuis quelque temps entre M. Molé et M. Guizot. L'avantage demeura cette fois au premier, et le 15 avril 1837, un nouveau cabinet, sous la présidence de M. Molé, qui conservait les affaires étrangères, se composait de MM. Barthe, Montalivet, Lacave-Laplagne et Salvandy. MM. Rosamel et Martin du Nord, gardaient les porte-feuilles de la marine et des travaux publics.

Trois jours après, le ministère annonçait aux Chambres la conclusion longtemps attendue du mariage du duc d'Orléans avec la princesse Hélène de Mecklembourg–Schwerin, luthérienne d'un esprit ferme et distingué. Cette alliance, si modeste pour l'héritier futur du royaume de Louis XIV et de Napoléon, avait failli échouer par l'implacable animosité que le czar Nicolas portait à la famille d'Orléans, et son succès n'était dû qu'à l'intervention personnelle du roi de

Prusse (1). Ce mariage indisposa vivement la France catholique. Un illustre pair, M. de Dreux–Brezé, se rendit, au Luxembourg, l'organe de ces impressions, et demanda comment un prince français se voyait réduit à aller chercher une épouse dans une contrée qui figurait à peine sur la carte de l'Europe, et dans une religion étrangère à la majorité des Français. Cependant les Chambres accueillirent avec satisfaction la communication ministérielle. Elles votèrent en faveur du prince une dotation annuelle de deux millions, allouèrent un million pour les frais de célébration de son mariage, fixèrent à 300 mille francs le douaire de la princesse, et accordèrent un million de dot à la reine des Belges. Le roi et le ministère répondirent à ces libéralités par l'octroi d'une amnistie qui comprit tous les individus détenus dans les prisons de l'État par suite des dernières condamnations politiques. Mesure habile par son extrême opportunité, honorable pour le ministère de M. Molé, et dont l'effet fut de calmer sensiblement l'irritation des esprits. Le dernier assassin du roi, nommé Meunier, condamné à mort par la cour des pairs, fut déporté aux Etats–Unis. Les ministres de Charles X, détenus au fort de Ham, avaient été mis successivement en liberté dans les derniers jours de 1836 ; leurs anciens collègues rentrèrent en France à la faveur de l'amnistie.

Le mariage du prince royal fut célébré avec beaucoup de pompe à Fontainebleau et à Paris. Le roi saisit avec un heureux à-propos cette occasion pour faire ouvrir au public les galeries de l'immense palais de Versailles, non plus vides et solitaires comme aux temps de l'Empire et de la Restauration, mais peuplées des plus nobles images de notre histoire, depuis les temps les plus reculés de la monarchie française

(1) *De la Politique extérieure de la France depuis 1830*, par M. d'Haussonville.

jusqu'à nos jours. Cette belle conception , exclusivement propre à Louis-Philippe, fut la gloire la plus pure, la plus incontestée de son règne, dont elle défendra longtemps le souvenir. Ces généreuses, j'ai presque dit ces courageuses évocations d'un passé qu'une partie de la France nouvelle s'efforçait de vouer à l'oubli, furent attristées par le trépas lamentable de plusieurs personnes qui périrent étouffées devant l'École Militaire , où le spectacle d'une attaque simulée de la prise d'Anvers avait amoncelé une imprudente multitude. Chacun se rappela avec un pressentiment involontaire les fêtes du mariage de l'infortuné Louis XVI !

Quelques mois plus tard (17 oct.), le roi unit sa seconde fille, la princesse Marie, au duc Alexandre de Wurtemberg. Mais cette union fut de courte durée. Une affection de poitrine, dont le beau ciel de Pise n'avait pu conjurer les progrès, ravit à l'âge de vingt-six ans, au mois de janvier 1839, cette intéressante princesse à sa famille éplorée et aux beaux-arts qu'elle cultivait avec éclat.

Notre domination en Algérie, longtemps contrariée par les menaces et les sourdes hostilités de l'Angleterre, et par les abus de l'administration intérieure, marchait enfin à une consolidation sérieuse. Le traité de la Tafna avait fortifié la puissance de l'émir Abd-el-Kader, mais en assurant quelques années de sécurité à la France du côté de ce redoutable ennemi. Le ministère profita de cette trève pour tenter une nouvelle expédition contre la ville de Constantine, dont la résistance avait fait éprouver à nos armes, l'année précédente, un douloureux échec. Cette périlleuse entreprise , à laquelle le duc de Nemours prit une part personnelle, et qui coûta la vie au général Damremont, réussit complètement, et notre établissement sur le sol africain, désormais affermi, n'inspira plus d'autre controverse sérieuse que celle des divers systèmes proposés pour tirer de cette colonie le parti le plus utile à elle-même et à la France.

La Chambre des députés, dont l'esprit d'indépendance s'était fortifié par les élections générales de 1837, jugea ce moment favorable pour reprendre la discussion du projet de conversion des rentes sur l'État. Les avis se partagèrent entre deux systèmes également avantageux, également reprochables : l'un, celui de M. Garnier-Pagès, consistait dans la conversion au pair par l'émission du quatre pour cent; l'autre, proposé par M. Laffitte, dans l'émission du 3 et demi pour cent au-dessous du pair. La Chambre, sur la proposition de M. Lacave-Laplagne, ministre des finances, accorda au gouvernement la faculté d'user selon sa convenance de l'un ou de l'autre mode de conversion, et suspendit l'exercice du droit de remboursement, pour les rentes émises au pair, pendant 12 ans, à compter du jour de leur émission. Mais son hostilité secrète contre la Cour se révéla par la condition imposée aux ministres de rendre un compte détaillé de l'exécution de la loi dans un délai déterminé. Cette disposition, vainement combattue par le cabinet, servit à merveille la résistance de Louis-Philippe, qui fit rejeter par la Chambre des pairs le projet de conversion, dont il était l'adversaire le plus opiniâtre, sinon le plus déclaré, et cette proposition se reproduisit quelques années plus tard (1844), sans plus de succès. La Chambre élective entra mieux dans les vues secrètes du roi en attribuant aux compagnies particulières l'exécution des chemins de fer, par préférence à l'État. Cette résolution, sanctionnée par l'autre Chambre, ne tarda pas à devenir entre les mains du pouvoir une arme puissante, un instrument de corruption à l'aide duquel il disciplina les éléments les plus rebelles de la milice électorale, et le gouvernement la fit compléter postérieurement par la loi des *tronçons*, qui préparait de dangereux appâts aux *passions de clocher*. Ainsi fut organisée

par un texte législatif cette puissance de l'agiotage qui devait
coûter à tant de familles leur honneur et leur sécurité, à la
morale publique ses larmes les plus amères, et propager parmi
nous ce culte effréné de l'or par lequel se dépravent et s'é-
teignent insensiblement les croyances les plus respectables
et les plus salutaires.

L'orgueil national éprouva à cette époque une satisfaction
légitime dans l'éclatant accueil qui fut fait par toutes les
classes du peuple britannique au maréchal Soult, envoyé par
le roi des Français comme ambassadeur extraordinaire au
couronnement de la reine Victoria. A la vue de ces démonstrations enthousiastes, la France parut oublier la rivalité
séculaire des deux nations, et la poignante agonie du captif
de Sainte-Hélène, et les hostilités sourdes et incessantes de nos implacables ennemis. Louis-Philippe se ré-
jouit de voir l'alliance anglaise un moment populaire en
France. De nouvelles démonstrations de Louis Bonaparte
vinrent obscurcir ce rayon d'allégresse. Revenu de l'Amérique pour embrasser une mère mourante, le jeune prince
s'était fixé à Arenenberg, d'où il menaçait par sa présence le
gouvernement auquel il avait attenté. Louis-Philippe fit sommer la Suisse d'expulser ce dangereux banni, et 25,000 hommes furent mis en mouvement pour trancher les indécisions de
la Diète. Une proclamation véhémente qualifia de *turbulent
voisin* un peuple dont le plus grand tort était de n'avoir que
des considérations de droit public à opposer aux menaces
et aux démonstrations de la France. Louis Bonaparte mit
fin lui-même à ce périlleux conflit en quittant Arenenberg
pour se rendre à Londres, d'où devait bientôt le ramener
une nouvelle tentative plus malheureuse encore que la première.

Mais cette modeste victoire fut plus que balancée par un
échec parlementaire qui, au point de vue de la domination

10

personnelle à la quelle il aspirait depuis quelques années, dût retentir douloureusement dans le cœur du roi.

Il s'était formé au sein de la Chambre, dès l'année précédente, sous le nom de *coalition*, un parti composé de mécontents de toutes les nuances, dont M. Duvergier de Hauranne se montrait l'inspirateur le plus passionné. Là, se trouvaient unis, sous la bannière commune d'une antipathie profonde contre le ministère et contre le principe du gouvernement personnel, MM. Thiers, Sauzet, Persil, ces *septembriseurs* de la presse politique ; des doctrinaires, tels que MM. Guizot, Rémusat, Duchâtel, etc. ; quelques membres de la gauche dynastique, MM. Barrot, Chambolle, Léon Faucher, etc. Vaincue en 1838, dans la discussion de la loi sur les fonds secrets, la coalition avait retrempé ses armes dans deux évènements récents qui avaient vivement ému l'opinion publique, à savoir l'abandon d'Ancône et le procès de M. Gisquet, ancien préfet de police, procès dont les révélations avaient jeté, sur la vie administrative d'un des fonctionnaires les plus considérables du gouvernement de Louis-Philippe, le discrédit le plus scandaleux.

L'Adresse à la couronne fut le champ de bataille sur lequel la coalition engagea le combat. Le projet, inspiré par M. Guizot, se distinguait par une rédaction agressive qui touchait à la plupart des points sur lesquels la politique ductile des précédents cabinets avait complaisamment capitulé. Jamais moins de bonne foi ne s'était fait remarquer dans un document sérieux et officiel ; jamais l'ambition personnelle n'avait éclaté avec moins de pudeur et de retenue. M. Molé se défendit avec beaucoup d'habileté. Il fut heureusement secondé par un orateur dont le nom, marqué d'une célébrité précoce dans la carrière poétique, grandissait rapidement à la chaleur des luttes parlementaires. M. de Lamartine prêta de généreux accents au ministère menacé par des

compétiteurs avides. La victoire, presque indécise, se résolut
en une dissolution de la Chambre. Les élections présentèrent
le spectacle d'une arène où l'autorité royale, ses prétentions , sa tactique et ses espérances furent mises à nu sans
ménagement. Elles tournèrent en définitive à l'avantage
du parti coalitionniste. Le ministère Molé se retira au moment où, par une funeste coïncidence, l'abandon à la Hollande
du grand-duché de Luxembourg et de la rive droite de la
Meuse découvrait nos frontières, humiliait dans la Belgique
la seule alliée sincère qui restât à la France de 1830, et
fortifiait d'un nouveau grief cette accusation proverbiale
d'abaissement continu, que M. Villemain avait infligée à la
politique des successeurs de C. Périer.

Ainsi qu'il était facile de le prévoir, l'impossibilité de s'entendre sur le partage des porte-feuilles qu'avait rendus libres
le succès de la coalition, amena la dissolution de cette ligue
ambitieuse. Après un interrègne ministériel de vingt-deux jours,
pendant lequel diverses combinaisons furent essayées par la
Cour avec une sincérité quelque peu suspecte, le *Moniteur*
du 1er avril 1839 annonça un cabinet composé de MM. de
Montebello, Gasparin, Girod de l'Ain, le général Cubières,
Tupinier, Parant et Gauthier. Mais cet étrange amalgame de
noms propres ne fut pris au sérieux par aucun parti, et
M. Passy ayant été porté à la présidence de la Chambre, le
roi s'adressa à lui pour la formation d'un ministère définitif.
Rien n'annonçait la terminaison de cette nouvelle crise, lors-
qu'une courte mais violente insurrection populaire vint préci-
piter le dénouement. Le signal partit de la *Société des Saisons*,
précédemment connue sous le nom de *Société des Familles* (1).
Trois conjurés républicains d'une énergie peu commune,
Barbès, Blanqui, Martin-Bernard, dirigèrent le mouvement

(1) *Revue rétrospective* , publiée par M. Taschereau , u° 1.

qui éclata le 12 mai par la prise momentanée de l'Hôtel-de-Ville de Paris, et par le meurtre du lieutenant Drouineau. Quelques heures après, les insurgés étaient entre les mains de la justice, et, quelques mois plus tard, la Cour des pairs prononçait la peine de mort contre Barbès et contre Blanqui, et celle de la déportation contre Martin-Bernard. Mais, soit politique, soit répugnance innée pour l'effusion du sang, soit peut-être insuffisance de conviction personnelle, le roi commua le supplice qui menaçait Blanqui et Barbès en une détention dans la prison du Mont-Saint-Michel, laquelle ne prit fin qu'à la révolution de 1848.

Le jour même de l'insurrection, un nouveau conseil se formait, sous la présidence du maréchal Soult, ministre des affaires étrangères, de MM. Teste, Duchâtel, le général Schneider, l'amiral Duperré, Cunin-Gridaine, Dufaure, Villemain et Passy.

Tandis que ces événements se passaient à Paris, l'Europe entière était à la veille des complications les plus graves. La guerre venait de se rallumer entre le vice-roi d'Egypte et Mahmoud expirant, et la victoire de Nézib (24 juin 1839), ouvrait à Ibrahim les défilés du Taurus, lorsqu'un envoyé du cabinet français lui apporta une lettre de son père qui lui enjoignait de ne pas poursuivre ses succès. La même influence exigea bientôt du vice-roi la restitution de la flotte turque que lui avait livrée l'amiral ottoman Achmet-Pacha, favori de Mahmoud, lequel s'était cru dégagé de ses serments envers l'empire par la mort récente de son bienfaiteur. Ibrahim se résigna, et des conférences diplomatiques s'ouvrirent aussitôt à Vienne entre les ministres des cinq puissances qui avaient pris part aux premières négociations entre l'Egyte et la Turquie. L'Angleterre, qui ne partageait point les sympathies du gouvernement français pour le vice-roi, mais qui re-

doutait par dessus tout la présence des vaisseaux russes dans
les eaux du Bosphore, offrit au ministère français de s'en—
tendre avec lui avant de soumettre aux autres Cours les diffé—
rends à régler (1). La politique méticuleuse qui présidait aux
conseils du gouvernement lui fit repousser cette proposition.
Première faute d'où dérivèrent les funestes conséquences que
je vais avoir à exposer. Le ministère qui, en entretenant habilement les alarmes que le traité d'Unkiar–Skelessy inspirait
à l'Europe occidentale, eût rallié à ses vues l'Autriche, la
Prusse et l'Angleterre, préféra transporter à Alexandrie le
débat de la question en litige ; il changea le caractère du
différend en mettant en cause la situation du vice-roi, que les
puissances du Nord répudiaient comme allié de la France ré—
volutionnaire, que les Anglais voyaient avec défaveur à cause
des entraves incessantes qu'il apportait à leur commerce. Cette
maladresse fut activement exploitée par le cabinet russe qui
crut l'occasion favorable pour dissoudre cette alliance anglo-
française, objet perpétuel de son ombrage. M. de Brunnow
fut envoyé à Londres, et proposa à lord Palmerston d'abandonner à la Russie le protectorat de Constantinople en cas
d'agression nouvelle de la part d'Ibrahim, en s'engageant
au nom du czar à laisser aux escadres combinées leur libre
action sur les côtes d'Egypte et de Syrie. Mais cette audacieuse proposition, qui tendait ouvertement à placer le
traité d'Unkiar-Skelessy sous la protection du droit européen, souleva le cabinet français, lequel rencontra cette fois
d'utiles auxiliaires dans les ministres d'Autriche et de Prusse;
et lord Palmerston la modifia en demandant que si, par
suite des événements de la guerre, les vaisseaux russes pé-
nétraient dans le Bosphore, ceux des autres puissances fussent admis à franchir le détroit des Dardanelles. Le cabinet

(1) *Histoire diplomatique de la question d'Orient*, par L. Faucher, 1841.

anglais prépara en même temps le succès de ses desseins en
fomentant, de concert avec la Porte, une insurrection en
Syrie (1) contre la domination égyptienne. Le ministère
français, de son côté, présenta un plan qui consistait à con-
céder héréditairement à Méhémet-Ali l'Egypte, la Syrie et
l'Arabie, et viagèrement l'île de Candie. Des conditions plus
timides encore furent secrètement proposées par le général
Sébastiani à lord Palmerston qui reconnut sans peine la
source d'où elles émanaient, et s'écria, avec un dédain longtemps contenu, qu'il *ferait passer le roi des Français par le
trou d'une aiguille*. Les propositions de M. de Brunnow,
amendées par le cabinet anglais, furent acceptées par les deux
autres cours, et la France ayant refusé de prendre part au traité, le sort de son illustre allié fut réglé en dehors de son concours (15 juillet 1840), à l'instant même où, par le succès de sa
médiation entre l'Angleterre et le roi de Naples, le gouver-
nent français venait de rendre à la Grande-Bretagne et à
l'Europe entière le service le plus signalé. Méhémet reçut
l'Egypte à titre héréditaire, et la partie méridionale de la
Syrie, y compris Acre, à titre viager ; les détroits furent
partagés entre l'Angleterre et la Russie, et les forces navales
anglaises et autrichiennes furent chargées du blocus de la
Syrie. Des dispositions coërcitives d'une grande rigueur ser-
vaient de sanction à ce traité, dont elles déterminaient le véritable esprit.

Lorsque la nouvelle du traité du 15 juillet parvint en
France, il y avait cinq mois environ que le ministère du 12
mai n'était plus aux affaires. Il avait succombé devant le
rejet d'une malencontreuse demande de 500,000 francs de
dotation pour le duc de Nemours à l'occasion de son pro-

(1) *Histoire diplomatique de la question d'Orient*, par L. Faucher.

chain mariage avec la princesse Victoire de Saxe-Cobourg,
sœur du roi de Portugal. Le nouveau cabinet (1ᵉʳ mars 1840),
pris en majorité dans le centre gauche, se composait de
MM. Thiers, président du conseil et ministre des affaires
étrangères, Vivien, le général Cubières, le baron Roussin,
Rémusat, Gouin, Jaubert, Cousin et Pelet de la Lozère. Quelques-uns de ces conseillers froissaient ouvertement les sympathies personnelles de la Cour ; mais Louis-Philippe avait
compris la nécessité d'une condescendance au moins passagère
envers l'opinion dominante, en présence des événements qui
se préparaient au-dehors. On rapporte qu'après la signature
de l'ordonnance de constitution, il s'écria dans un sentiment
d'amertume : « M. Thiers va demander à la Chambre sa
liste civile, et sa dotation ne lui sera pas refusée comme l'a
été celle du duc de Nemours. » Cet échec avait profondément blessé le roi, et l'idée malheureuse de faire alléger
les charges de sa liste civile par des dotations nationales en
faveur de sa famille, fut une de celles que ce prince cultiva
avec le plus de persévérance. Il la reproduisit à plusieurs reprises au sein de son conseil, et il ne fallut rien moins que la
résistance de la Chambre des députés, toujours intraitable à
cet égard, pour la lui faire définitivement abandonner (1).

A part la fraction légitimiste, peu nombreuse au parlement, le nouveau cabinet ne comptait guères d'adversaires
sérieux que dans l'extrême gauche de la Chambre. M. Guizot,
successeur récent du général Sébastiani dans l'ambassade de
Londres, lui avait garanti son loyal concours et celui de ses

____

(1) Dans un pamphlet célèbre, publié en 1840 sous le titre de *Questions
scandaleuses d'un Jacobin*, etc. M. de Cormenin établissait que les charges im-
posées à la liste civile de Louis-Philippe excédaient à peine *onze millions*, et
portait à 571 millions la fortune capitale de la maison d'Orléans. La suite a
démontré combien ces estimations étaient exagérées.

amis. Le côté gauche s'était promis de garder envers lui une
attitude « expectante et bienveillante ; » et, quoique le chef de
ce cabinet inspirât personnellement peu de confiance, le parti
parlementaire réformiste se flattait que les circonstances au
sein desquelles il avait pris la direction du pouvoir, l'entraî-
neraient à des satisfactions que l'opinion progressive avait
jusqu'alors vainement demandées à l'auteur de la fameuse
maxime, *le roi règne et ne gouverne pas*. Une imposante majorité de 103 voix sur la question des fonds secrets constata
la sincérité du concours qui lui avait été promis.

Ces illusions ne tardèrent pas à se dissiper. La transaction
du ministère avec le côté gauche se borna à quelques concessions d'emplois publics ; la place de conseiller à la Cour
de cassation fut offerte à M. Dupont de l'Eure, qui la refusa
noblement. Une ordonnance compléta, à l'occasion du mariage du duc de Nemours, l'amnistie proclamée trois ans auparavant, et le ministère obtint une sorte de réparation de la
lente et cruelle agonie qu'Hudson Lowe avait fait subir au
glorieux captif de Sainte-Hélène, par la translation de ses
restes sur le sol français. Enfin, M. Thiers se prononça avec
plus d'énergie que le gouvernement n'avait fait jusqu'alors
sur la stabilité de notre domination en Algérie. Mais tout
projet de réforme des institutions fondamentales rencontra
dans le ministère du 1er mars la même résistance que dans
ceux qui l'avaient précédé. Ce fut lui qui *enterra* la proposition Rumilly, dont l'objet était de mettre obstacle à l'enva-
hissement de la Chambre des députés par les fonctionnaires
publics. L'opposition d'inertie de la Cour avait usé l'agitation
fébrile du présomptueux ministre qui s'était si souvent écrié
qu'il fallait *mâter le roi*.

Ce fut dans ces circonstances que la nouvelle du traité du
15 juillet se répandit dans Paris. L'irritation contre les puissances contractantes fut universelle, et ce sentiment se pro-

pagea rapidement d'une extrémité de la France à l'autre, avec
tous les caractères d'un élan belliqueux. Pour la première fois
depuis 1830, le cri de guerre poussé par la population eut
des échos dans le sein du gouvernement, et jamais cette paix
européenne achetée par tant de sacrifices ne parut plus près
d'être sérieusement troublée. Le roi lui-même sembla s'associer à ces impressions vengeresses, et ses lèvres murmurèrent
la *Marseillaise* comme une menace contre la coalition ré-
formée.

Cette situation si agitée reçut une complication passagère
du débarquement du prince Louis Bonaparte sur la côte de
Boulogne (7 août) à la tête d'une soixantaine d'officiers-
généraux ou supérieurs et d'hommes armés. Mais cette nouvelle tentative, accomplie, dit-on, au mépris des engagements
formels du prince envers le gouvernement de Louis-Philippe,
échoua plus misérablement encore que la précédente. Vaincu
et enveloppé, le prince dirigea contre un capitaine du 42e
régiment de ligne un coup de feu qui atteignit un grenadier
de ce régiment, sans ralentir la poursuite dont il était l'objet.
Louis Bonaparte ne put rejoindre son embarcation ; il fut
fait prisonnier et traduit devant la Cour des pairs qui le con-
damna à une détention perpétuelle. Le prince fut enfermé au
château de Ham, d'où il s'échappa au bout de six ans de captivité, et ne reparut sur la scène politique qu'après la révolution de 1848.

En dépit des excitations passionnées de la presse, des
manifestations de la garde nationale de Paris, et des provo-
cations insultantes du cabinet anglais, la guerre ne répondit
point au traité du 15 juillet, ni même au bombardement de
Beyrouth, qui retentit comme un coup de foudre dans la
France entière. M. Thiers lui-même fit fléchir sous une
volonté supérieure l'ostentation de son zèle pour l'honneur
national, et, cédant aux susceptibilités presque ironiques de

lord Palmerston, il donna prudemment l'ordre de ramener à
Toulon la flotte française destinée à protéger les côtes de
Syrie. Il se borna à déclarer, par une note en date du 8 octobre, que la France s'opposait de tout son pouvoir à la déchéance de Méhémet–Ali : note à laquelle la conférence européenne répondit en termes fort dédaigneux. Mais il s'efforça de calmer le mécontentement public en annonçant que
la France se trouverait avant six mois en mesure de faire
face à toutes les éventualités d'une guerre générale ; et cette
déclaration, affectée ou sincère, fut le signal de sa chute.

Le 29 octobre 1840, quinze jours après une nouvelle tentative d'assassinat commise sur la personne du roi par un
frotteur appelé Darmès (1), le *Moniteur* annonça la formation du dernier cabinet de la monarchie de juillet. Il se composait du maréchal Soult, ministre de la guerre, président
du conseil, et de MM. Guizot, Duchâtel, Teste, Villemain,
Martin du Nord , Humann , l'amiral Duperré et Cunin-
Gridaine.

Ce ministère, salué dès son avènement de la qualification
flétrissante de *ministère de l'étranger*, était l'incontestable
expression de la pensée pacifique de Louis–Philippe. En répudiant en M. Thiers le seul homme d'état qui eût fait entendre autour de lui le langage d'une dignité blessée, le
roi annonçait ouvertement à la France qu'elle devait dévorer
en silence l'affront que les stipulations de Londres lui avaient
infligé, accepter les faits accomplis sans elle et contre elle,
et abandonner le pacha d'Egypte aux vengeances des coalisés.
On sut, en effet, que le ministère du 1er mars s'était retiré de-

(1) Louis-Philippe, qui ne perdait jamais de vue les intérêts de sa politique , apostropha en ces termes M. Jaubert , lors de la visite que lui fit
ce ministre après l'attentat de Darmès : « Eh! bien , voilà , j'espère , une
réponse suffisante à ceux qui voulaient un discours belliqueux ! » Darmès fut
traduit devant la Cour des pairs , condamné à mort et exécuté.

vant le refus qu'avait fait le roi d'accueillir dans son discours
d'ouverture quelques expressions plus fières encore que belliqueuses sur les événements d'Orient. Une irritation profonde, accrue par l'impopularité personnelle de M. Guizot,
se manifesta au sein de la capitale et dans tous les organes
indépendants de la presse, et le discours du trône lui impri-
ma un nouvel élan par la tiédeur anti-française avec laquelle
il se prononça sur les événements qui venaient d'avoir lieu.
L'indignation des esprits fut portée à son comble par le projet d'Adresse des députés, qui énonçait la menace d'une violation de notre territoire parmi les conditions auxquelles la
paix ne pourrait plus être maintenue. Ce malencontreux *ul-
timatum* disparut au milieu de la réprobation publique. Mais
la France en conserva une impression d'autant plus fâcheuse
que la rédaction de ce document appartenait à M. Dupin
aîné, un des confidents de cette *pensée immuable* qui semblait s'être attribué comme une mission absolue le maintien
à tout prix de la paix européenne. La discussion de l'Adresse
se poursuivit sous l'influence d'une irritation extrême. Inti-
midé par les démonstrations hostiles de la garde nationale
de Paris, M. Guizot s'abstint de figurer au cortége qui accompagna aux Invalides (15 nov.) les restes de Napoléon.
Cette imposante cérémonie eut pour témoin ce même prince,
aujourd'hui roi, dont la jeunesse s'était épuisée en anathêmes
contre le vainqueur de Marengo et d'Austerlitz. Le prince de
Joinville, qui venait d'arracher cet illustre trophée au sol
homicide de Sainte-Hélène, avait été surpris dans sa traversée
par la nouvelle du traité du 15 juillet. Ne doutant pas qu'une
conflagration européenne n'en fût la conséquence immédiate,
il avait pris devant son équipage l'engagement de faire sauter
son vaisseau plutôt que de le laisser tomber avec son précieux dépôt entre les mains des Anglais.

Cependant des armements formidables se préparaient en

deça et au-delà du Rhin, et l'aspect de l'Europe devenait
de plus en plus belliqueux. De telles apparences ne pouvaient
se résoudre en réalités sérieuses avec un ministère qui exprimait une idée exclusivement pacifique, et Louis-Philippe
s'abusait moins que personne sur leur véritable portée. Mais
il jugea ces circonstances favorables pour donner l'essor à un
projet capital et déjà ancien dans son esprit, et les fortifications
de Paris prirent le jour au sein des démonstrations menaçantes
des puissances, de même que les lois coërcitives de septembre
étaient sorties de l'attentat de Fieschi. Soit entraînement
sincère, soit désir de rentrer en faveur auprès de la Cour, soit
dépendance d'engagements antérieurs, M. Thiers se fit à la
Chambre des députés le propagateur actif de la pensée du roi,
et ce fut sur son rapport que le projet de fortifier la capitale,
rejeté par la Restauration sous le ministère de M. de Villèle,
repoussé en 1833, sur les réclamations menaçantes de la garde
nationale, subit l'épreuve d'une discussion parlementaire.

Deux systèmes principaux étaient en présence : celui
d'une enceinte continue, idée généralement admise par les
partisans d'un plan de défense spécial à l'invasion étrangère,
et celui des forts avancés, mode de résistance particulièrement applicable aux ennemis intérieurs du gouvernement,
et l'objet des prédilections manifestes du roi et de ses ministres. Un grand nombre de députés rejetaient l'un et l'autre
système, et repoussaient l'idée d'isoler Paris du reste de la
France et d'attirer ainsi l'ennemi sous ses murs, tandis que
l'intérêt réel du pays commandait de l'éloigner des frontières.
M. Thiers se prononça pour la double exécution des forts
détachés et de l'enceinte continue, et son opinion, partagée
en principe par une partie de la presse révolutionnaire,
triompha dans les deux Chambres à la suite de débats appro-
fondis, et dont la Cour prépara le succès par un luxe inouï
de séductions et de démarches. Au premier rang des orateurs

opposés au projet de loi , l'opinion publique retrouva avec intérêt un illustre écrivain , M. de Lamartine , qui démontra éloquemment tous les périls dont Paris fortifié menaçait l'indépendance constitutionnelle , et s'étonna que l'opposition tout entière ne se fût pas soulevée contre cette idée parricide. Heureux cet orateur , si l'amour de la liberté , si le soin d'une légitime popularité lui eût fourni toujours des inspirations aussi droites et aussi pures, et s'il n'eût point profané plus tard au contact fatal des passions démagogiques une âme éminemment faite pour concevoir et pour rendre les plus nobles sentiments de l'humanité !

La Cour s'applaudit d'une loi qui, dans son opinion , rendait désormais impossible le succès de l'insurrection dans la capitale. Mais cette loi , expression permanente des défiances et des menaces du pouvoir , souleva de vives et universelles clameurs, et le gouvernement de juillet perdit en affection plus qu'il ne gagnait en puissance matérielle par l'emploi des ressources dangereuses que lui avait attribuées la condescendance des Chambres. Etrange illusion de la domination humaine! Les fortifications de Paris , dont Louis–Philippe attendait le salut de sa couronne et le maintien de sa dynastie, ont été une des causes les plus directes et les plus efficaces de la révolution qui a emporté l'une et l'autre !

Ce prince éprouva , à cette époque , une mortification personnelle qui lui fut très sensible, parce qu'elle mettait à nu le mensonge de sa constance dans les sentiments patriotiques qu'il avait manifestés au début de la première révolution. Un journal légitimiste , la *France* , publia quelques-unes des lettres que le duc d'Orléans émigré avait écrites à l'époque où il sollicitait du service en Espagne dans les rangs de l'armée anglaise (1) , et d'autres plus récentes où Louis–Phi-

(1) Voyez, pag. 27 et 33 de cette Notice, des extraits de ces Lettres , qui tombèrent entre les mains du gouvernement anglais après l'assassinat com-

lippe, devenu roi , dévoilait au prince de Talleyrand , alors
ambassadeur à Londres , dans un style peu diplomatique ,
l'esprit de sa politique secrète. On remarquait dans cette
correspondance la mention d'un engagement formel d'abandonner l'Algérie , et ce fait était d'autant plus grave que ,
par le refus de son *exequatur* au consul britannique , l'Angleterre n'avait cessé de protester contre l'occupation française de cette colonie. Le ministère public dirigea des poursuites contre le rédacteur en chef de la *France* , qui fut mis
en état d'arrestation. Des recherches sévères eurent lieu dans
les bureaux d'autres feuilles légitimistes , et il fut sérieusement question de saisir la Cour des pairs , en donnant à la
publication de la *France* les proportions arbitraires d'un attentat contre la sûreté de l'Etat. Cependant on se contenta
de traduire le rédacteur et le gérant de ce journal devant la
cour d'assises de la Seine. Le jury prononça leur acquittement. Les originaux des lettres écrites par Louis-Philippe
durant l'émigration furent produits aux débats ; mais on ne
communiqua que de simples *fac-simile* des lettres posté-

mis sur le comte d'Entraigues, en 1812, à Barne près de Londres. La découverte des lettres postérieures fut expliquée de la manière suivante. Lorsque le
prince de Talleyrand se rendit à Londres, en 1830, il fut convenu entre Louis-
Philippe et lui que des correspondances intimes et confidentielles seraient
établies du roi à l'ambassadeur, indépendamment des ministres du jour. Pour
qu'aucune trace de ces communications ne fût visible , une dame très-versée
dans les intrigues politiques , fut désignée comme la tierce personne par les
mains de laquelle passerait la correspondance. Cette dame était chargée de
transmettre au prince de Talleyrand la substance des lettres du roi , copiées
de sa main , après avoir détruit les originaux. Mais elle ne fut qu'à moitié fidèle à ses engagements. Le secret fut exactement gardé , mais les originaux
ne furent point détruits ; et , à la mort de la détentrice , Madame Ida Saint-
Edme , si scandaleusement célèbre sous le nom de la *Contemporaine* , en devint dépositaire. Cette dame attendit vainement du gouvernement français des
poursuites judiciaires , qui ne furent point exercées.

rieures attribuées à ce prince ; et quoique l'esprit de ces
documents n'eût rien que de conforme à la politique personnelle du chef de l'État, de grands doutes subsistèrent sur leur
authenticité. Mais les détails et l'issue de ce procès n'en causèrent pas moins une sensation très-vive. Les légitimistes se
réjouirent avec éclat d'un acquittement qui humiliait la royauté de juillet, et les organes de l'opinion révolutionnaire
s'armèrent de ce résultat pour reprocher au pouvoir ses mé-
nagements et ses avances envers les partisans de la dynastie
déchue. Le ministère exhala son dépit et sa confusion en un
emportement ridicule contre le parti légitimiste ; puis il obtint une condamnation sévère de la *Gazette de France* pour
infidélité dans le compte-rendu des débats du procès. Mais
Louis-Philippe ne s'abusa pas sur la valeur de ces représailles, et il saisit l'occasion des harangues officielles qui lui
furent adressées le 1er mai, jour de sa fête, pour répondre
à la susceptibilité publique par une allusion dédaigneuse aux
manœuvres de ses ennemis.

Le retentissement qu'avait causé le procès de la *France*,
s'accrut bientôt par la publication d'une lettre de M. Simon
Didier, fils du conspirateur de Grenoble, qui tendait à impliquer personnellement Louis-Philippe dans le complot de
1816. Ce nouvel éclat parut épuiser la longanimité du roi.
Il ne fallut rien moins que les représentations pressantes du
maréchal Gérard, commandant de la garde nationale de Paris, pour détourner ce prince d'un coup-d'état violent contre
la presse périodique de la capitale et des départements. Peut-
être aussi Louis-Philippe craignit-il que la Chambre des
pairs, à laquelle un rôle important avait été assigné dans
cette croisade aventureuse contre la plus indomptable des libertés publiques, ne se lassât d'un dévoûment dont l'excès
altérait de plus en plus sa considération.

Telle était la situation des esprits, lorsque, par la convention du 13 juillet 1841, la France fut admise à rentrer dans le concert européen. Cet événement n'émut que faiblement l'opinion publique. Le sort de Méhémet-Ali avait été réglé dans deux hatti-schérifs qui le dépouillaient de la plupart des prérogatives par lui conquises depuis dix ans, et le réduisaient, selon l'énergique expression de Foufrède, à « l'hérédité du néant. » En adhérant à la convention de 1841, la France consacrait en quelque sorte cette honteuse spoliation ; sans autre compensation que l'abandon du traité d'Unkiar-Skelessy, qui n'avait jamais pris place dans le droit public européen. Le principe immémorial de la clôture des détroits du Bosphore et des Dardanelles y était reconnu dans des termes plus propres à l'affaiblir qu'à le fortifier. La conduite du gouvernement français en cette circonstance ne parut que l'expression manifeste de son désir de sortir à tout prix de la politique d'isolement que la défiance ombrageuse des puissances du Nord lui avait faite. Le cabinet espéra un moment que les Cours d'Autriche et de Prusse, qui avaient insisté sur la rentrée de la France dans le conseil européen, s'uniraient avec elle par une alliance plus intime ; mais cette illusion ne tarda pas à s'évanouir, et le mauvais vouloir de la Russie reprit tout son ascendant sur les dispositions de l'Europe occidentale. La monarchie de 1830 paraissait condamnée à flotter entre une solitude absolue et des alliances intéressées. Le nouveau roi de Prusse, qui se rendit vers cette époque en Angleterre pour y tenir sur les fonts baptismaux le jeune prince Albert-Edouard, fils de la reine, mit une sorte d'affectation à éviter le territoire français, et les ducs d'Orléans et de Nemours ne furent point conviés aux fêtes de la Cour britannique. Pour prix de son équivoque médiation, le cabinet anglais aggrava les stipulations des traités sur le droit de visite, et exigea une forte réduction dans nos armées de

terre et de mer. Mais le ministère français ne souscrivit qu'à
la seconde de ces exigences. Les modifications au droit de visite, acceptées par M. Guizot, furent repoussées par la Chambre des députés, et le ministère de lord Palmerston ayant
fait place quelque temps après à celui de lord Aberdeen, il
ne fut donné aucune suite aux conventions additionnelles.

De grands événements s'étaient accomplis en Espagne depuis que la France avait pris part au traité de la quadruple
alliance, dont l'objet était l'expulsion de don Carlos et le
renversement du parti apostolique. Après une lutte sanglante
et opiniâtre entre la régente Marie-Christine et son beau-
frère, ce dernier, affaibli par la mort de Zumalacarreguy,
et vaincu par la trahison de Maroto, s'était vu forcé de chercher un asile sur le territoire français où il n'avait rencontré
que des fers. Vainement invoqua-t-il à plusieurs reprises la
générosité de Louis-Philippe (1) : l'inflexible politique du monarque français subordonna sa délivrance à une abdication
que lui arrachèrent tardivement les rigueurs de la captivité.
La retraite de Cabrera, le plus vaillant de ses généraux,
avait laissé le champ libre à Espartero, dont la périlleuse
influence s'était substituée sans effort au pouvoir naissant et
mal affermi de la jeune reine. Contrainte à déserter devant
ce soldat altier la tutelle de sa fille et le gouvernement de
l'Espagne, Marie-Christine était venue réclamer à son tour
l'hospitalité du roi des Français. Son départ avait signalé la
ruine absolue de l'influence française dans la Péninsule, où
l'ascendant britannique régnait sans partage sous les noms
d'Arguelles et d'Espartero. Cet état de choses, amené en
grande partie par les oscillations de notre politique anti-car-
liste sans être franchement révolutionnaire, fut à peine troublé par la tentative malheureuse d'O'Donnell (oct. 1841)

_____

(1) Lettres à Louis-Philippe, 2 et 25 septembre 1839.

qu'avaient presqu'ostensiblement préparée les intrigues de
l'ex-régente. Le ministère espagnol demanda en termes très-
vifs l'expulsion de cette princesse au gouvernement français,
complice ou confident de ses ambitieux projets (1). Elle lui fut
impérieusement refusée (2). Le retour de Marie-Christine à
Madrid après la chute d'Espartero (fév. 1844) rétablit sur un
pied d'intimité les relations de la France avec la Péninsule.
Cette situation se prolongea sans modifications importantes ,
jusqu'à la fameuse péripétie du double mariage de la reine et
de l'infante, dont il sera question plus tard.

L'intérieur de la France , depuis la dernière session des
Chambres , n'avait cessé d'être en proie à une vive agitation.
Les opérations du recensement quinquennal de l'impôt , ac-
complies par les agents du fisc , à l'exclusion des représentants de l'autorité municipale, avaient occasionné des troubles
sérieux à Montpellier, à Limoges, à Bordeaux , à Agen , à
Lille , et surtout à Clermont et à Toulouse , où le sang avait
coulé. Sur divers points , les municipalités organisaient une
résistance qui pouvait, d'un instant à l'autre , changer le caractère de la lutte et l'élever aux proportions d'une véritable
guerre civile. L'émotion publique s'accrut de la tentative d'assassinat commise par un nommé Quénisset, scieur de long ,
sur le quatrième fils du roi , le jeune duc d'Aumale, qui rentrait à Paris le 13 septembre 1841 , à la tête de son régiment
décimé par les balles arabes. Une effervescence de mauvais
augure régna plusieurs jours dans la capitale , à la suite de
cet odieux attentat. De violentes mesures contre la presse
furent agitées au sein du cabinet , dont le roi ne prévenait la
dislocation qu'au prix des plus grands efforts. Les comités

(1) Lettre de M. Olozaga à M. Guizot , 12 oct. 1841.
(2) Lettre de M. Guizot à M. Olozaga , 18 octobre 1841.

réformistes , menacés de poursuites judiciaires , se prenaient
à regretter les garanties dont ils jouissaient sous le régime de
la Restauration , et tout annonçait qu'une lutte sérieuse s'é-
tablirait dans la prochaine session législative sur les questions
irritantes que ces comités s'étaient chargés de traduire à la
tribune par voie de pétition

Le ministère s'abstint de donner cours à ces violences.
Mais il saisit l'occasion du procès qui s'instruisait à la Cour
des pairs contre Quénisset et ses complices , pour porter à la
presse périodique une atteinte d'autant plus dangereuse
qu'elle tendait à établir une tradition en dehors de tous les
principes du droit criminel. Les magistrats instructeurs avaient
saisi chez M. Dupoty, rédacteur du *Journal du Peuple* , une
lettre signée de l'un des inculpés , qui tendait à présenter cet
écrivain comme affilié au complot. Armé de ce faible indice ,
qu'il prit soin de fortifier par la production d'un certain
nombre d'articles extraits de la feuille que dirigeait M. Dupoty , le procureur général Hébert , un de ces magistrats qui
ne reculent devant aucun procédé d'intimidation , conclut à
la culpabilité du prévenu, et le ministère, s'associant hautement à cette odieuse jurisprudence , alla jusqu'à faire de la
condamnation de Dupoty une question de cabinet. La Cour
des pairs eut la faiblesse de prononcer une sentence de cinq
ans de détention : peine absurde, si Dupoty était convaincu
de participation à l'attentat du 13 septembre , peine inique ,
s'il n'était coupable que de vagues excitations. Ainsi reparaissait , sous le titre de *complicité morale* , ce délit de *tendance* tant reproché au gouvernement de la Restauration , et
toute parole d'opposition qui se rencontrerait désormais avec
une émeute , un complot ou un attentat , pouvait constituer
une complicité de ces actes , et exposer l'écrivain aux peines
qui y étaient attachées. Cet arrêt , contre lequel toute la presse
indépendante éleva une énergique protestation , porta un

coup mortel à la considération déjà si compromise de la Chambre des pairs , et l'opinion publique ne vit plus en elle, comme l'avait prédit M. Royer—Collard , lors de la discussion des lois de septembre , que la *Cour prévotale de la presse*. La peine de mort prononcée contre Quénisset et deux de ses complices , fut commuée en une déportation.

Cette mesure ne désarma point l'irritation populaire, et le chef de l'Etat , incessamment menacé par les balles des anarchistes , dut pourvoir à sa sûreté personnelle par des précautions de plus en plus rigoureuses. La route de Paris à Neuilly était parcourue sans interruption par des escouades d'agents de police chargés d'en éclairer tous les abords et de dissiper tout rassemblement suspect. L'approche du roi se manifestait à Paris par une sorte de vigilance inquisitoriale qui fatiguait toutes les classes de citoyens. Une escorte nombreuse tenait les curieux à distance , et le monarque que le suffrage populaire avait élevé sur le pavois , était privé plus qu'aucun souverain absolu de l'Europe de ce contact de la multitude qui faisait les délices de Louis XII et de Henri IV. Plus de ces communications bienveillantes de peuple à roi , plus de ces familiarités affectueuses qui avaient embelli l'aurore de la royauté citoyenne ; rien qu'un morne silence souvent interrompu par d'hostiles ou sévères réclamations. Les alarmes incessantes de la reine se traduisaient en exigences inquiètes et tracassières pour tous les officiers appelés à veiller sur la vie de son époux. La séparation même la plus momentanée glaçait d'effroi cette âme tendre et vouée aux plus funestes pressentiments. A quel prix , grand Dieu , la fortune avait vendu au duc d'Orléans la faveur amère de s'asseoir sur le trône des descendants de Louis XIV !

CINQUIÈME PARTIE.

La session de 1841 s'était écoulée stérile entre les intrigues du pouvoir et les doléances de l'opposition. Toute proposition de réforme électorale, toute tentative pour améliorer la condition de la presse, avait échoué devant l'impassibilité systématique de ces conservateurs auxquels l'histoire gardera la piquante qualification de *bornes*, que M. de Lamartine leur avait infligée. De cette double impuissance dans l'action comme dans l'inaction, était résultée une langueur d'esprit public que le mouvement électoral de 1842, généralement favorable à l'opposition, avait eu peine à surmonter, lorsque, le 13 juillet, aux portes de la capitale, un accident aussi extraordinaire que déplorable coûta la vie au duc d'Orléans, à l'instant où, prêt à partir pour Saint-Omer, ce prince allait prendre congé de sa famille. Le roi, averti aussitôt, se rendit immédiatement auprès de son fils expirant. La reine,

Madame Adélaïde et le duc d'Aumale complétèrent, par leur présence, le plus déchirant des spectacles. Le malheureux prince, projeté par une secousse hors de sa voiture rapidement entraînée, s'était brisé dans sa chute les os du crâne, et n'avait pu reprendre connaissance. Il expira au bout de quelques heures, sans avoir proféré une parole. Du sein de sa douleur, en apparence calme et résignée, le roi laissa échapper ce peu de mots : « Quel malheur pour notre famille, mais quel malheur affreux aussi pour la France ! » Deux princesses portèrent à la duchesse d'Orléans, qui se trouvait alors à Plombières, la nouvelle de l'horrible catastrophe qui privait elle et ses deux fils, le comte de Paris et le duc de Chartres, de leur protecteur naturel.

Ceux même que la dissidence de leurs sentiments politiques éloignait de la maison d'Orléans, ne purent refuser le tribut de leur intérêt à ce prince qu'une mort si misérable frappait, si jeune et si beau, au sein des grandeurs et des illusions du rang suprême. D'une bravoure personnelle à peine déparée par un caractère profondément politique, le duc d'Orléans s'était distingué en Afrique aux Portes-de-Fer, à la prise de Médéah, et surtout à celle du Teniah de Mouzaïa. Il protégeait les arts et s'était rendu cher à l'armée, dont l'organisation constituait sa préoccupation la plus constante. Les funérailles de cet infortuné prince eurent lieu à l'église Notre-Dame de Paris, dans un éclatant appareil, et la capitale tout entière parut s'associer aux douleurs de la famille royale. Louis-Philippe, chez qui l'intérêt de sa race dominait jusqu'aux affections les plus sincères, convoqua immédiatement les Chambres, se mit en rapport avec les sommités des diverses nuances de l'opinion dynastique, et ouvrit la session (26 juillet) par un discours où, à travers les marques d'une affliction profonde, il invita les pairs et les députés à assurer, par de promptes résolutions, « le repos et la sécurité de la

patrie. » Le ministère Guizot, dont la catastrophe du 13
juillet avait ranimé l'existence chancelante, présenta à la
Chambre élective un projet de loi qui fixait à dix-huit ans
la majorité du roi, et conférait la régence au prince le plus
proche du trône, dans l'ordre de succession établi par la
Charte de 1830.

Ce projet de loi fut combattu sous un double point de vue.
Quelques orateurs de la droite et de l'extrême gauche, tels
que MM. Berryer, de La Rochejacquelein et Ledru-Rollin,
contestèrent aux Chambres le droit d'ajouter, sans la sanction
du peuple, aux clauses constitutionnelles de l'État ; d'autres,
comme MM. de Lamartine et Mauguin, se prononcèrent en
faveur de la régence maternelle. Mais le ministère, soutenu
par une fraction notable de l'opposition dynastique, triompha
sans peine de ces obstacles, et le projet fut adopté à une forte
majorité dans les deux Chambres, qui se séparèrent immédiatement.

La princesse Hélène se montra, dit-on, vivement blessée
des déterminations de la Cour, et Louis-Philippe lui ayant
fait proposer de céder au régent futur l'appartement qu'elle
occupait au château des Tuileries, elle résista avec chaleur à
cette proposition, et répondit que trop de souvenirs de son
époux l'attachaient au pavillon Marsan, pour qu'elle pût
consentir à s'en séparer. Louis-Philippe n'insista pas ; mais
jamais, depuis la mort du duc d'Orléans, une intimité com-
plète ne s'établit entre le roi et sa belle fille. La mère du
comte de Paris se plaignait du despotisme intérieur de Louis-
Philippe, et le chef de la maison d'Orléans, qui avait espéré
que son alliance avec la maison de Mecklembourg rapproche-
rait sa dynastie des familles souveraines de l'Europe, dissimulait mal, de son côté, les déceptions dont cette espérance
avait été la source. La princesse fut tenue à l'écart ; et, comme
on lui supposait généralement des opinions plus libérales que

celles du roi et du duc de Nemours, un noyau d'opposition politique commença à se former autour d'elle. Quelques notabilités du parlement et de l'armée passèrent pour mettre à sa disposition leurs services, leurs inspirations et leurs conseils, et l'on citait entr'autres le général Pajol, objet d'une récente disgrâce, M. de Lamartine, que quelques mécontentements personnels avaient violemment séparé du parti conservateur, et M. Thiers lui-même, devenu l'ennemi direct et presque déclaré du roi, depuis son expulsion du ministère. Ainsi, la division s'était introduite avec la mort au sein de la famille royale, et l'impopularité fâcheuse du prince que quelques années seulement semblaient séparer de la régence, n'était guère de nature à en conjurer les effets. La catastrophe du 13 juillet avait frappé au cœur la dynastie de 1830.

La session des Chambres, qui se rouvrit au mois de janvier 1843, rendit une certaine agitation aux esprits. Le ministère éprouva quelques échecs peu importants. La Chambre des députés se prononça pour une protection plus marquée en faveur des chrétiens du Liban, et renouvela ses représentations contre l'abus du droit de visite. Une enquête parlementaire, ordonnée sur les instances pressantes de l'opposition, amena l'annulation de deux élections entachées des fraudes les plus condamnables. Mais le ministère réussit à faire écarter toutes les propositions de réforme électorale et parlementaire, et M. Barrot lui-même qualifia ces tentatives de révolutionnaires. Ce député, spirituellement surnommé le *ministre de l'opposition*, à raison de ses intelligences supposées avec le parti de la Cour, entreprit de faire restituer au jury les procès en diffamation, qu'une jurisprudence récente, inaugurée sous les auspices de M. Bourdeau, tendait à lui soustraire ; mais ses efforts n'aboutirent point. Le gouvernement personnel, plus puissant que jamais, avait profité avec une adresse remarquable du défaut d'ensemble et du découragement qni se manifestait de plus en plus dans les rangs de ses adversaires. Les résultats des élections de 1839 et de 1842 , si favorables au parti constitutionnel, s'étaient évanouis devant l'action dissolvante de l'ambition et de la faveur. Et sous quelle bannière triomphait ainsi la domination de la Cour? sous celle même des deux chefs de la coalition.

Deux événements vinrent ajouter aux satisfactions du château et tempérer les douleurs de la famille royale. La princesse Clémentine d'Orléans epousa le prince Auguste de Saxe–Cobourg Gotha , frère de la duchesse de Nemours , et le prince de Joinville s'unit, à Rio–Janeiro , à la princesse Françoise-Caroline-Gonzague , l'une des sœurs de l'empereur du Brésil.

Ainsi parvenu à l'apogée de sa puissance, Louis-Philippe voulut inaugurer , par une démonstration éclatante et en quelque sorte européenne . son rapprochement avec ce gouvernement britannique dont l'alliance avait secondé si efficacement la politique pacifique à laquelle il s'était dévoué. Le prince de Joinville et le duc d'Aumale portèrent à la jeune reine Victoria, à Windsor, une lettre par laquelle le roi des Français l'invitait à se rendre au château d'Eu , et cette princesse répondit par une gracieuse acceptation. Le 2 septembre, à six heures du soir , le yacht qui portait la reine d'Angleterre fut en vue du Tréport, et le roi monta en voiture avec toute la famille royale , pour se porter à sa rencontre. Les ministres, l'ambassadeur lord Cowley , et un nombreux cortége accompagnaient Louis–Philippe , qui était en uniforme de lieutenant-général. Ce prince mit pied à terre et s'avança , dans un canot, à la rencontre du yacht royal, qui se mit en panne pour le recevoir. La reine accueillit affectueusement Louis-Philippe , qui l'embrassa avec effusion et serra la main au prince Albert. Victoria monta dans

le canot du roi , qui conduisit les deux souverains et leurs
escortes vers une tente où les pavillons des deux nations
avaient été arborés. La jeune reine prit terre, appuyée sur
le bras du roi , et fit quelques pas au-devant de la famille
royale de France, dont elle embrassa toutes les princesses.
Après les présentations d'usage , la reine monta dans la
voiture royale avec Louis-Philippe et sa famille , et se rendit
à Eu où , à huit heures, elle prit place à un banquet de 60
couverts.

La reine d'Angleterre passa cinq jours au château d'Eu ,
et ne vint point à Paris, où on l'attendait généralement. Sa
présence au sein de la famille royale fut marquée par une
suite de divertissements plus intimes que fastueux , eu
égard au rang élevé des augustes hôtes. Louis-Philippe lui
fit présent de deux magnifiques tapisseries de la manufacture
des Gobelins et d'un fort beau coffre en porcelaine de Sè-
vres, comme un souvenir de son séjour sur le sol français.
Rien de positif ne transpira des conférences particulières de
ce prince avec la jeune reine , et les événements postérieurs
n'ont répandu aucune lumière sur cette première entrevue,
qui avait mis en un grand émoi la diplomatie étrangère.
Victoria repartit le 7 septembre pour Brighton , d'où elle se
rendit en Belgique.

Les orgueilleuses joies du château d'Eu devaient avoir leur
revers, et ce fut à un prince exilé, sans appui, dernier débris
d'une race auguste et proscrite, qu'il était réservé d'en troubler le cours, en rappelant à la royauté de 1830 l'infirmité
de son principe originel.

La mort de Charles X (oct. 1836) n'avait apporté aucun
changement notable dans les habitudes de la famille exilée ;
mais le duc d'Angoulême avait compris la nécessité de compléter , par la connaissance des choses pratiques (1) , par la

_____
(1) *Henri de France*, par M. A. Nettement, t. 1.

conversation des hommes distingués des Cours européennes, l'éducation si solide et si cultivée du jeune prince que lui avait légué un père expirant. Le comte de Chambord se sépara sur la fin de 1838, à dix-neuf ans, du vénérable prélat dont il avait reçu les conseils, et, accompagné du duc de Lévis et du comte de Locmaria, il parcourut une partie de l'Italie, la Hongrie, la Transylvanie et l'Autriche; il étudia avec intérêt les champs des victoires impériales, explora les côtes de la Dalmatie, la Saxe et la Prusse. Il séjourna quelque temps à Rome, visita Naples et Florence et revint à Goritz où un accident affreux (juillet 1841) faillit trancher, dans sa fleur, une destinée à laquelle se rattachaient tant de vœux et de souvenirs. Des soins habiles et la vigueur de l'âge dissipèrent les espérances indécentes, les joies homicides qui éclataient déjà en France dans les plus hautes régions du pouvoir, et les derniers jours de 1843 virent le rejeton de tant de rois débarquer sur les côtes d'Écosse, d'où il se rendit bientôt à Londres, appelant à son hôtel de Belgrave-Square tous les Français demeurés fidèles au culte du malheur et des véritables traditions monarchiques.

Près de deux mille Français accoururent, ayant à leur tête ce patriarche des lettres françaises, dont le génie rendait' à la cause monarchique tout l'éclat que lui empruntait sa pieuse fidélité, et des communications assidues, cordiales s'établirent, à la face de l'Europe attentive, entre les nobles visiteurs et l'auguste proscrit.

Cette épreuve solennelle fut favorable au jeune prince. Le comte de Chambord fit admirer dans ces entretiens une instruction solide, une raison précoce, un grand esprit d'à-propos, une appréciation judicieuse des vrais besoins de son siècle, et, par dessus tout, on doit le reconnaître, un sentiment éminemment français. Ces avantages exaltèrent les espérances du parti légitimiste, et inspirèrent un vif dépit aux partisans du nouveau pouvoir. Dans l'ardeur irréfléchie de son ambition dynastique, Louis-Philippe constata lui-même l'importance politique du voyage du comte de Chambord, en envoyant en Angleterre le duc et la duchesse de Nemours pour en neutraliser l'effet. Mais que pouvaient peser aux yeux de la France les démonstrations froidement officielles du gouvernement anglais, en regard des hommages spontanés et désintéressés de deux mille Français d'élite, venus de tous les points du royaume pour saluer, dans le petit-fils de Charles X, le représentant du principe séculaire de la légitimité !

La santé chancelante du duc d'Angoulême rappela à Goritz l'auguste voyageur. Il quitta l'Angleterre le 13 janvier 1844, au moment où la Chambre des députés se préparait à réprouver, par une éclatante manifestation, la conduite de cinq de ses membres, qui avaient pris part au pélérinage de Belgrave-Square. Ces députés étaient MM. Berryer, de Larcy, Blin de Bourdon, le duc de Valmy et de La Rochejacquelein. La discussion, née d'un paragraphe de l'Adresse, fut irritante et passionnée. Aux explications des députés inculpés, MM. Guizot, Duchâtel, Dupin, Hébert, d'Angeville, Desmousseaux de Givré répondirent avec une aigreur mal dissimulée ; d'amères récriminations furent échangées de part et d'autre, et, dans la chaleur du débat, un des ministres même de Louis-Philippe s'oublia jusqu'à dire que « si jamais Louis-Philippe violait la Charte et trahissait le serment qu'il lui avait prêté, la France *serait dégagée vis-à-vis de lui.* » La Chambre parut indécise. Mais la majorité, qui connaissait l'extrême importance que le roi attachait au maintien textuel de la manifestation proposée, prononça la *flétrissure* des députés incriminés, et cette résolution amena leur démission immédiate. Louis-Philippe reçut avec solennité la commission chargée de lui présenter l'Adresse de la

Chambre, et fit, dans sa réponse, une allusion menaçante
aux *coupables espérances* des ennemis de la royauté nouvelle :
langage au moins hasardé dans la bouche de l'ancien obligé
de Charles X, et qui rappelait involontairement le défi célèbre de Tartuffe à son bienfaiteur :

La maison m'appartient, je le ferai connaître.

M. de Salvandy, nommé récemment ambassadeur en
Sardaigne, qui assistait à cette conférence, avait voté contre
la flétrissure. Après avoir congédié les députés, le roi l'invita à passer dans son cabinet, et lui reprocha en termes
très-vifs l'ingratitude de sa conduite. M. de Salvandy répondit avec noblesse et se démit aussitôt de ses fonctions.
Mais, provoqué quelques jours après à donner à la tribune
des explications sur cet incident, qui avait ému profondément la Chambre, son langage fut obscur, embarrassé, et ne
répondit point à ce mouvement d'indépendance et de dignité.

Le corps électoral réforma la sentence portée contre les
courtisans de l'exil par une assemblée composée en majeure
partie de renégats politiques. Les cinq *flétris* furent réélus
avec le concours de l'opposition de gauche, dont les
représentants à la Chambre n'avaient point voté pour
l'Adresse, et cette défaite, qui avait quelque chose de personnel, porta à son comble l'exaspération de Louis-Philippe.
Mais un funèbre évènement qui eut lieu vers cette époque
montra jusqu'à quel point ce prince savait dominer ses impressions extérieures. Le duc d'Angoulême rendit, le 1er juin,
dans les bras de son héroïque épouse, une vie moins éclatante
que pure et irréprochable. Louis-Philippe, qui n'avait accordé à la perte de Charles X aucun témoignage ostensible de
sympathie, prit le deuil à l'occasion de la mort de l'ex-dau-
phin, et il endura dans un froid silence la déclaration pro-

testative que le comte de Chambord fit notifier en cette circonstance aux cours européennes.

Les derniers débats avaient laissé une impression fâcheuse
dans les esprits, et le ministère traversa laborieusement la
session de 1844. Le projet de loi sur l'enseignement public
souleva dans tous les rangs du clergé de vives résistances,
dont M. de Montalembert, chef d'un parti qui rêvait la séparation de l'église catholique d'avec le dogme conservateur
de la légitimité, se fit l'éloquent organe à la Chambre des
pairs. Mais ce fut surtout par un acte de sa politique extérieure que le gouvernement de Louis-Philippe blessa profondément ce sentiment français dont les divisions politiques
et les séductions du pouvoir n'avaient pu altérer l'intégrité.

Deux ans à peine étaient écoulés depuis qu'une expédition
commandée par l'amiral Dupetit-Thouars avait pris possession dans l'Océan pacifique, au nom de la France, des deux
îles les plus importantes des archipels des Marquises et de
la Société, Nouka-Hiva et Taïti. Pomaré, *Ariki* (souveraine) de Taïti et les chefs de cette île avaient eux-mêmes
réclamé le protectorat du roi des Français, et le ministère
s'était empressé de signaler cette occupation spontanée (1)
comme un évènement d'un haut intérêt pour notre commerce
et notre navigation. Mais cette modeste conquête n'avait pas
tardé à faire ombrage à nos éternels antagonistes, et les
usurpateurs impunis de la Nouvelle-Zélande s'étaient mis en
devoir de ruiner notre domination par des réclamations non
écoutées auxquelles ils substituèrent bientôt d'odieuses intrigues. Le négociant Pritchard, missionnaire protestant, fut
envoyé à Taïti avec le titre de consul, et ce fut à l'ombre de ce
caractère officiel qu'il travailla sans relâche à entraver les

(1) Voyez la *Revue rétrospective*, nᵒ 3o, p. 199.

opérations de nos marins et à détruire un protectorat solennellement accepté par Pomaré et par le cabinet français, et reconnu par le gouvernement anglais lui-même (1). Ces intrigues, neutralisées un instant par la supériorité de nos forces maritimes, obtinrent bientôt un succès complet. Pomaré, cédant aux instigations du consul Pritchard et du capitaine Nicholas, qui avaient eu soin d'exagérer ridiculement sa puissance (2), déchira le traité qu'elle avait conclu et fit abattre le drapeau français. Cet état de chose subsista jusqu'au retour de l'amiral Dupetit-Thouars, qui obligea l'*Ariki* à l'exécution itérative des conventions existantes. Mais, sur les représentations de l'Angleterre, le ministère français, par une note insérée au *Moniteur* du 26 février 1844, désavoua la prise de possession de Taïti et rappela, sans l'avoir entendu (3), l'amiral Dupetit-Thouars, dont la conduite, en ces circonstances difficiles, avait été aussi mesurée que ferme et patriotique.

Ce double désaveu avait trop vivement ému les esprits pour ne pas donner lieu à des interpellations parlementaires. En présence de la blessure faite à l'honneur national, la défense de M. Guizot fut incomplète, vague et embarrassée. A l'insigne condescendance qui lui était reprochée, il opposa vainement la promesse du rappel de Pritchard : l'opinion publique ne tint aucun compte à lord Aberdeen de cette légère satisfaction, et lorsque l'officier précurseur de M. Dupetit-Thouars se rendit par une exclamation énergique, à son débarquement en France, l'organe fidèle du mécontentement de la marine, la France entière parut s'associer à ce mouvement de réprobation.

J'ai hâte d'en finir sur ce honteux sujet. Las des in-

(1) Lettre de M. Dupetit-Thouars à M. de Mackau, 6 juillet 1844.
(2) *Ibid.* (3) *Ibid.*

trigues et des excitations homicides de Pritchard, un marin plein de cœnr, **M.** d'Aubigny, fit saisir ce missionnaire de trouble et de discorde, et le capitaine Bruat, gouverneur de l'île, le força de s'embarquer peu de jours après pour sa nouvelle destination. Cette conduite, évidemment tracée par l'honneur et par l'intérêt de la colonie, fut qualifiée dans les termes les plus injurieux par le cabinet anglais, et le ministère du 29 octobre se vit contraint à lui infliger un blâme public. Ce n'est pas tout encore. Pritchard ayant allégué que sa courte détention lui avait causé un préjudice de plusieurs milliers de francs, à raison de son commerce, le gouvernement français s'obligea à lui solder une indemnité équivalente, et cet engagement sans nom fut ratifié par des Chambres françaises, à l'instant même où le sang français coulait à Papeïti par suite de l'insurrection que Pritchard y avait fomentée.

L'amour-propre national avait trouvé d'honorables compensations à ces échecs dans les derniers succès de l'armée française en Algérie. Le maréchal Bugeaud, gouverneur de cette colonie depuis 1842, avait imprimé à la guerre une impulsion puissante, et les prinees de la famille royale s'étaient montrés avec éclat dans plusieurs rencontres, aux Ouerenseris, à Aïn-Taguin, à Mechouniah, aux Ouled-Sultanes, etc. L'héroïque défense de Mazagran avait pris place parmi les plus beaux faits d'armes de nos fastes militaires. Le théâtre de la guerre venait de s'agrandir par la retraite de notre infatigable ennemi Abd-el-Kader sur le territoire du Maroc, d'où il appelait à grands cris aux combats les populations fanatisées. L'empereur Muley Abderrahman, secrètement encouragé peut-être par le cabinet anglais, résista à toutes les sommations de la France. Il fallut agir. Une escadre fut mise sous les ordres du jeune combattant de Saint-Jean-d'Ulloa, de ce prince de Joinville dont

le patriotisme venait de déplorer dans une *Note* célèbre
l'abaissement de notre puissance maritime. Conduite avec
vigueur et habileté, cette division navale bombarda la ville
de Tanger et l'île de Mogador, et la victoire décisive rem-
portée sur l'armée marocaine par le maréchal Bugeaud, aux
bords de l'Isly (14 août) réduisit à l'impuissance le nouvel allié
d'Abd-el-Kader et convertit définitivement notre conquête
en une vérité. Ces brillants exploits causèrent en France une
satisfaction générale, et la pensée publique applaudit à la
distinction accordée au maréchal Bugeaud dans le titre
commémoratif de *duc d'Isly* (1). Soit générosité, soit ménagement pour notre ombrageuse alliée, soit surtout appréhension de l'insuffisance des ressources de l'empire (2), le gouvernement ne crut pas devoir contraindre les vaincus au paiement des frais de la guerre, et le *Journal des Débats* pro-
clama fièrement que *la France était assez riche pour payer sa
gloire*. Le ministère eut le tort plus grand encore de n'exiger
aucune garantie contre le retour des hostilités d'Abderrahman. Ce prince s'engagea seulement à expulser ou à interner
Abd-el-Kader, et la France, par une clause à jamais honteuse dans les annales de sa diplomatie, promit de traiter
avec égards et générosité ce barbare, s'il tombait entre ses
mains. Ainsi qu'on devait raisonnablement s'y attendre, les
promesses d'Abderrahman demeurèrent sans résultat, et le
redoutable émir, à qui l'Angleterre prêtait une protection

(1) La concession de ce titre fut un acte de la volonté personnnlle
de Louis-Philippe. Le maréchal Soult, peu porté pour le vainqueur de
l'Isly, combattit l'opportunité de la récompense en faisant observer au
roi « qu'il convenait de laisser quelque chose à désirer aux personnes qui
occupent de hautes positions et sont investies d'attributions considérables. »
(Lettre au roi, 4 sept. 1844). Son opposition ne fléchit que devant la
volonté poliment mais nettement exprimée de Louis-Philippe.
(2) Lettre du roi au prince de Joinville, 25 sept. 1844.

12

à peine dissimulée, défia pendant près de trois ans encore les efforts de l'armée française. Sa soumission précéda de peu de jours la chûte de Louis-Philippe, comme le détrônement de Charles X avait suivi de près celui du dey d'Alger.

En présence du mécontentement universel qu'excitait en France la conduite insidieuse et arrogante du gouvernement britannique, ce fut à Louis-Philippe une faute capitale d'entreprendre le voyage d'Angleterre, pompeusement annoncé depuis longtemps par les organes de la Cour. Mais ce voyage était, dans l'opinion du roi, trop étroitement lié à ses intérêts dynastiques, pour qu'il pût se résoudre à le sacrifier. Le brillant accueil fait au mois de juin par la reine Victoria à l'empereur de Russie, avait ému la susceptibilité du monarque français, qui redoutait l'inimitié personnelle et la puissance du czar. Les deux Cours n'entretenaient plus depuis longtemps que des rapports diplomatiques d'un ordre secondaire, et l'ingénieux historien des *Ducs de Bourgogne* avait dû quitter un poste dont la défaveur politique ne pouvait être compensée par les égards personnels de l'autocrate. Il importait à Louis-Philippe de détruire par sa présence les impressions désavantageuses qu'avait pu semer son redoutable antagoniste, et de faire, à la face de l'Europe, un nouvel appel à cette *entente cordiale* dont le maintien intéressait si vivement la monarchie de 1830. Cependant, cette excursion d'un roi septuagénaire hors de son royaume, dans la situation agitée des esprits, excita au sein même du cabinet quelque opposition dont Louis-Philippe ne tint pas de compte. Il partit du Tréport le 7 octobre 1844, accompagné du jeune duc de Montpensier, de MM. Guizot et de Mackau et d'une suite nombreuse, et arriva le lendemain à Windsor, où la reine Victoria vint le recevoir au bas du grand escalier du château. Le prince Albert et le duc de Wellington s'étaient rendus à la rencontre du roi des Français jusqu'à Portsmouth, lieu de son débarquement.

De brillantes fêtes célébrèrent le séjour de Louis–Philippe à Windsor, où il reçut pendant plusieurs jours, avec l'affabilité qui lui était propre, les hommages d'une nombreuse population. Il fut décoré, le 11 octobre, de l'ordre de la Jarretière, dans un splendide appareil, dont les formes quelque peu féodales provoquèrent en France des rapprochements assez piquants avec l'origine populaire du trône auquel était décerné cet honneur. Le lendemain, la corporation de Londres, composée de quarante-cinq personnes, ayant à sa tête le lord-maire, vint saluer Louis-Philippe, qui répondit en anglais à l'Adresse du chef de la cité. Le roi quitta Windsor le 15 octobre, au milieu des témoignages de sympathie de toutes les classes du peuple britannique. Un bal somptueux avait été offert par la ville de Portsmouth, pendant son séjour à Windsor, aux officiers de notre marine, dans l'hôtel de Royal-Naval-College, et la reine Victoria vint en personne recevoir à bord de notre escadre les hommages des marins qui la montaient. Ces démonstrations flatteuses, dont la suite n'a que trop prouvé la fragilité, firent en France peu d'illusion à l'opinion publique. Le parti légitimiste, comparant le voyage de Louis-Philippe à Windsor avec celui du comte de Chambord à Londres, remarqua que le jeune prince *n'était allé chercher en Angleterre que des Français*, et l'opposition libérale compléta le parallèle en énumérant avec une amère complaisance les témoignages de sympathie que le roi-citoyen avait reçus des éternels ennemis de la grandeur et de la prospérité de la France. De ce côté du détroit, l'alliance anglaise ne fut pas plus populaire après qu'avant le voyage de Windsor, et ce fut envain que la France attendit de ce rapprochement entre les deux sou_ verains quelque modification à la politique égoïste et ma-

chiavélique qui jusqu'à ce jour n'avait fait de cette alliance
qu'un pacte léonin.

La session législative s'ouvrit par un discours discret et
réservé sur les questions qui agitaient les esprits. Mais la discussion du projet d'Adresse n'en fut pas moins très-orageuse
dans les deux Chambres. M. Molé combattit sévèrement au
Luxembourg la *politique à outrance* de l'ancien chef de la
coalition, et cette politique essuya au palais Bourbon les vives
attaques de MM. Billault, Dupin et Barrot. L'indemnité Pritchard ne fut votée qu'à *huit* voix de majorité. Il ne fallut
rien moins que les instances du parti conservateur et les
encouragements pressants du roi lui-même, pour que le
ministère, récemment modifié par l'adjonction de M. de Salvandy, qui avait succédé à M. Villemain, se décidât à faire
tête à la situation (1). Il n'obtint à la Chambre élective qu'un
avantage imperceptible sur la plupart des questions politiques,
et succomba dans plusieurs questions d'affaires. Son projet
de loi sur l'armement des fortifications de Paris ne réussit
qu'à la faveur d'un amendement ministériel portant que les
bouches à feu destinées à cet armement seraient déposées

(1) Dans une lettre de Louis-Philippe à son gendre le roi des Belges
(9 mai 1846), on trouve une appréciation familière mais fort piquante
de la situation à laquelle menaçait incessamment de le livrer le découragement presque général des membres de son cabinet : « Ce qui gâte
toutes nos affaires, écrivait-il, c'est qu'en général tous nos hommes politiques
ont une surabondance de courage et d'audace quant ils sont dans l'opposition, tandis que dans le ministère ils sont toujours prêts à tout lâcher,
en disant au roi : *Tire-t'en, Pierre, mon ami,* comme dans la chanson. Il
faut trouver un Guizot pour obvier à ces maux, un homme qui sache
tenir tête à ses adversaires et qui sache aussi secouer ses amis quand
ils s'effraient, et c'est parce que Guizot a eu le nerf de résister à tous ces
ébranlements, qu'il a déjà six ans de ministère passés et une jolie perspective d'avenir.... »

à Bourges, et ne pourraient être transférées à Paris qu'en
cas de guerre. La volonté prononcée de Louis-Philippe, et
la crainte de voir arriver au pouvoir une opposition belliqueuse, qui remettrait en problème tous les fruits d'une paix
chèrement acquise, préservèrent seules la France d'une nouvelle crise ministérielle. Ces échecs furent toutefois balancés
par d'importants succès, et le ministère, grâce au dévouement de sa majorité, surmonta heureusement une épreuve périlleuse. Une proposition dirigée en général contre le parti
légitimiste, et particulièrement contre M. de Genoude, direc-
teur de la *Gazette de France*, l'antagoniste le plus habile, le
plus opiniâtre et le plus puissant du monopole électoral, prévenait un grave abus, en assujétissant au paiement d'un cens
déterminé toute mutation de domicile politique. Mais il était
à craindre que cette première brèche faite à la loi d'élection ,
ce palladium du régime actuel, n'encourageât d'autres tentatives. Cette appréhension ne fut point justifiée, et la modification proposée demeura rigoureusement restreinte dans le
cercle étroit qu'avait tracé la politique méticuleuse du 29 octobre. Un succès non moins essentiel fut la suspension des
traités de 1831 et de 1833, sur le droit de visite des bâtiments de l'Etat, objet des réclamations réitérées du pays et
des Chambres. Ce droit ût place à des mesures de surveil-
lance exercées concurremment par la France et par l'Angleterre, sur les vaisseaux des autres nations qui avaient
contracté avec ces deux puissances. Le nouveau traité consacrait comme un principe irréfragable de droit public, l'abolition de la traite des nègres ; mais ses dispositions pratiques
étaient susceptibles de modifications au bout de cinq ans.
Ce résultat mémorable, dû à l'entremise active de M. de Broglie, fut suivi d'une autre conclusion qu'une portion considérable de l'opinion publique affectait de poursuivre avec
chaleur. C'était la dissolution de l'Ordre des Jésuites, qui de-

puis quelques années avait repris en France une existence
régulière, et dont la présence ne cessait d'exciter les clameurs
de la presse et de la tribune. Cette mesure fut prise par le
général de l'Ordre, sur les longues (1) et instantes réclamations de M. Rossi, que le cabinet français avait envoyé à
Rome à cet effet. L'opposition prétendit que cette concession
avait été achetée par la clôture des cours de MM. Michelet
et Quinet, dont les prédications anti-catholiques avaient justement alarmé les susceptibilités du clergé. Quoiqu'il en soit,
la suspension du droit de visite et la dispersion des Jésuites
tarirent deux des principales sources du mécontentement public, rendirent quelque popularité au gouvernement de Louis-
Philippe, et ne furent pas sans influence sur le sort des élections de 1846, les dernières qui devaient s'accomplir sous la
monarchie de juillet.

En unissant, sur la fin de 1844, son quatrième fils, le duc
d'Aumale, ce riche héritier des Condé, à Marie-Caroline de
Salerne, fille de son beau-frère, princesse dépourvue de fortune personnelle, mais nièce, par sa mère, de l'impératrice
d'Autriche, Louis-Philippe avait sacrifié au désir de rapprocher sa dynastie d'une des plus hautes familles souveraines
de l'Europe. Il lui restait à pourvoir le duc de Montpensier,
le dernier de ses fils, auquel sa pensée intime destinait depuis longtemps l'infante Luisa, sœur de la reine Isabelle
d'Espagne. Ce fut dans une courte et dernière entrevue qu'il
eut avec la reine Victoria au château d'Eu (8 septembre 1845),
que Louis-Philippe agita sérieusement l'idée de cette union (2),
qui passa pour le chef-d'œuvre de sa politique, à laquelle elle
devait porter le coup le plus funeste. L'entente cordiale était

(1) Lettre de M. Guizot à Louis-Philippe, 13 août 1845.
(2) Lettre de Louis-Philippe à la reine des Belges, 14 sept. 1846.

alors à son apogée, et cette situation favorable fut bientôt
attestée par un fait sans exemple assurément dans les fastes
parlementaires de la Grande–Bretagne. Une révolution ministérielle venait de rappeler à la secrétairerie d'État des affaires étrangères lord Palmerston, ce promoteur hostile du
traité de 1840, cet antagoniste constant et presque personnel de Louis-Philippe. Les instances ou les exhortations de
la reine Victoria déterminèrent l'arrogant ministre à venir
chercher en quelque sorte à la Cour des Tuileries l'inves-
titure de ses fonctions. Louis-Philippe accueillit lord Palmerston avec courtoisie, mais sans aucun abandon (1). Le nouveau secrétaire-d'État ne fut installé au foreign-office, qu'après
avoir conclu une sorte de paix tacite avec le roi des Français,
auquel il ne tarda pas à faire expier cette satisfaction passagère.

. Las des airs d'indépendance et de l'attitude orgueilleuse
qu'affectait le vainqueur de l'Isly, le maréchal Soult quitta
peu de jours avant la session des Chambres le ministère
de la guerre, qu'il ne conservait depuis longtemps que sur
les vives instances du roi. Il fut remplacé par le général
Moline de Saint-Yon, et garda la présidence nominale du Conseil. La session s'écoula sans orages graves ; mais l'opposition
signala avec une nouvelle énergie la corruption croissante
pratiquée par le ministère, et d'accablantes révélations jus-
tifièrent ce sanglant anathème lancé contre le *tarif des consciences*, du haut de la tribune parlementaire, par M. de
Malleville. Ces débats scandaleux furent interrompus par un
attentat commis sur la personne du roi (16 avril), au moment où il se promenait en voiture dans la forêt de Fontainebleau, avec une partie de la famille royale. Un déran-
gement accidentel dans la disposition des augustes prome-

---

(1) Lettre de Louis-Philippe à M. Guizot, 15 juillet 1846.

neurs avait miraculeusement sauvé cette fois encore la vie de Louis-Philippe. L'assassin, nommé Lecomte, ancien garde-général de la forêt, tireur exercé, prétendit que son crime n'était que le produit d'un ressentiment privé : version peu probable, mais qu'il ne démentit ni dans son interrogatoire devant la Cour des pairs, ni même en présence de l'échafaud. Son châtiment ne contint point la malveillance. Le 29 juillet, deux jours avant les élections générales, un mécanicien, nommé Joseph Henry, tira un coup de pistolet sur le roi, au moment où ce prince, placé sur le balcon des Tuileries, se disposait à entendre le concert qui avait lieu pour l'anniversaire de la révolution. Quoique dénué d'importance réelle, ce nouvel attentat exerça sur les dispositions des électeurs une influence marquée, et la majorité ministérielle s'accrut dans une proportion notable. Ce succès inespéré devança de peu de jours une intéressante nouvelle : celle du double mariage de la reine d'Espagne avec son cousin Louis–François d'Assise, duc de Cadix, fils de l'infant don François de Paule, et de sa sœur, l'infante Luisa–Fernanda, avec le duc de Montpensier.

Presque exclusivement préoccupée des avantages matériels de ce dernier mariage (1), la France ne parut pas d'abord en comprendre toute l'importance politique. Cette importance lui fut révélée par les injures de la presse anglaise, et par les protestations réitérées de lord Palmerston, qui reprit en l'apprenant tous ses sentiments d'hostilité contre Louis–Philippe. Les reproches d'ambition, de duplicité et de perfidie ne lui furent pas épargnés, et ce grand évènement alimenta sans interruption pendant plusieurs mois toutes les

(1) L'infante apportait 32 millions, 769,470 réaux vellon, provenant de la succession paternelle, plus 3 millions de réaux en rente annuelle décrétée par les Cortès.

sources de l'opinion publique dans les deux royaumes. Le
Parlement britannique et les Chambres françaises retentirent
tour à tour des incriminations passionnées de lord Palmerston, et des subtiles apologies de M. Guizot. Un exposé som-
maire mais fidèle des circonstances qui précédèrent cette
conclusion mémorable, permettra d'apprécier la valeur des
accusations portées contre la conduite de Louis-Philippe par
le cabinet anglais.

Pressé depuis quelques années par la régente Marie-Christine, d'unir ses deux derniers fils aux filles de cette princesse,
Louis-Philippe avait toujours repoussé l'idée de marier le duc
d'Aumale avec la reine Isabelle, et ne s'était arrêté au projet
de donner le duc de Montpensier pour époux à l'infante,
qu'avec la probabilité que cette princesse n'hériterait jamais
de la couronne d'Espagne. Le roi désirait ardemment cette
union à cause de l'éclat que, par sa fortune et sa position,
l'infante Luisa devait répandre sur sa dynastie naissante; mais
l'intérêt même de son ambition le portait à fuir, dans l'alliance proposée pour le duc d'Aumale, le motif assuré d'une
collision européenne. Louis-Philippe manifestait en même
temps cet avis que le mari de la jeune reine devait être choisi
parmi les descendants de Philippe V, dans la ligne masculine.
Il excluait ainsi le prince Léopold de Saxe-Cobourg, neveu
du roi des Belges, objet des préférences secrètes du gouvernement anglais. Ces idées parurent raisonnables à lord A-
berdeen, alors ministre des affaires étrangères, qui, dans une
conférence qu'il eut au château d'Eu, en 1845, avec le roi
des Français, n'imposa à leur accomplissement qu'une condition : celle du mariage et de la grossesse préalables de la
reine Isabelle. Elles furent goûtées surtout par Marie-Christine, qui se prononça vivement, ainsi que sa fille, en faveur du
comte de Trapani, frère du roi de Naples et oncle d'Isabelle.
Mais ces projets rencontrèrent un dangereux adversaire dans

M. Bulwer, ambassadeur anglais à Madrid, partisan passionné
du prince de Cobourg. M. Bulwer, cédant à des instigations
dont la source est demeurée secrète (1), obtint de Marie-
Christine, à force d'intrigues, une lettre par laquelle cette
princesse demandait au duc de Cobourg la main de son cousin
pour la reine Isabelle , et lord Palmerston ayant succédé à
lord Aberdeen au foreign-office, cette candidature fut ouvertement posée par le cabinet anglais. Toutes les instances
contraires de la diplomatie française ne purent faire fléchir
sa détermination. En même temps, lord Palmerston fit assurer, dit-on, du concours de son gouvernement, le parti
progressiste espagnol (2), parti de tout temps antipathique à
l'influence française. Cette conduite, directement contraire à
la politique de Marie-Christine, modifia complètement ses
premières résolutions, et la prétendance du prince de Cobourg fut écartée sans retour par elle et par la jeune reine.
Louis-Philippe, de son côté, se regarda comme dégagé de la
double condition que lord Aberdeen avait attachée au mariage
de l'infante avec le duc de Montpensier. Il estima que la
France n'était nullement condamnée par le traité d'Utrecht à
frustrer un prince français d'un établissement avantageux à sa
dynastie, et fit agir auprès de Marie-Christine dans le sens
d'une conclusion prochaine. Le candidat personnellement
préféré par Isabelle (3), le comte de Trapani, fut sacrifié aux
répulsions de l'Angleterre, et le duc de Cadix, auquel on

(1) Dans une lettre écrite à M. Guizot, le 14 septembre 1846, lord
Aberdeen nie en termes formels avoir encouragé M. Bulwer à cette démarche dont il avait pris soin d'avertir au contraire le gouvernement
français.

(2) Lettre du roi des Français au roi des Belges, 25 juillet 1846.

(3) *Quiero Trapani, je veux Trapani*, répétait-elle sans cesse à ses ministres (Lettre de Louis-Philippe à la reine des Belges, 14 septembre
1846).

prit soin d'accoutumer peu à peu sa jeune cousine (1), fut définitivement agréé. L'union de ce prince avec la reine parut à Louis-Philippe, selon quelques informations plus ou moins rigoureuses, offrir des chances probables de fécondité (2), et il fut résolu entre le roi des Français et la Cour de Madrid que les deux mariages auraient lieu simultanément. Cette précipitation, tant reprochée à Louis-Philippe, paraît suffisamment justifiée, soit par la conduite versatile du cabinet anglais, soit par la crainte plausible que le refus d'unir instantanément le duc de Montpensier à l'infante, ne fît échouer le projet d'union de la reine avec son cousin, et n'entraînât Marie-Christine dans toute autre combinaison matrimoniale contraire à la politique française.

Toutefois, il paraît difficile, au point de vue français, d'affranchir d'un sentiment de personnalité coupable la conduite de Louis-Philippe en cette occasion. L'intérêt dynastique peut seul expliquer, à mon avis, l'esprit de résolution remarquable avec lequel il affronta les chances d'une guerre européenne par la rupture de cette entente cordiale qui avait résisté jusqu'alors à tous les procédés hostiles du gouvernement anglais. En présence des mécontentements inévitables de notre ombrageuse et puissante alliée, la question du maintien de l'influence française en Espagne ne venait, en effet, que dans un ordre secondaire. Il est vraisemblable, d'ailleurs, que la répugnance de l'Angleterre pour le comte de Trapani eût cédé devant une appréhension sérieuse du mariage de l'infante avec le duc de Montpensier. Quant au prince Léopold de Saxe-Cobourg, en admettant que son affinité avec le mari de la reine Victoria dût alarmer le cabinet français sur le sort de cette influence, le cabinet ne pouvait perdre de vue

(1) Lettre particulière de M. Bresson à M. Guizot, 13 juillet 1846.
(2) Lettre de Louis-Philippe à la reine des Belges.

que ce prince était aussi le propre neveu du gendre de Louis–
Philippe : circonstance propre à atténuer les conséquences de
son union avec la fille aînée de Ferdinand VII, si cette union,
ce qui est fort douteux , fût devenue une irrémissible nécessité. Politiquement parlant , le mariage du duc de Montpensier, ce prétendu chef–d'œuvre d'habileté diplomatique, était
un événement nul ou dangereux pour la France. Nul , si la
reine Isabelle avait des héritiers ; dangereux , si , par la stérilité de son hymen avec François d'Assise, la duchesse de
Montpensier ou ses enfants étaient appelés quelque jour à lui
succéder sur le trône d'Espagne.

Quoi qu'il en soit, Louis–Philippe ne tint, cette fois, aucun
compte des protestations ni des menaces du ministère anglais, et repoussa hautement l'inconvenante proposition qui
lui fut faite d'une renonciation éventuelle de l'infante et de
son mari à leurs droits au trône : renonciation absurde d'ailleurs, car le droit incontestable des descendants de Philippe V
ne pouvait périr par leur alliance à une famille qui avait ab-
diqué les siens (1). Le roi se borna à prescrire au prince de
Joinville, qui commandait alors une escadre dans la Méditer-
ranée , d'observer la plus grande circonspection et d'éviter
toute démonstration et même toute allure capable d'offusquer
le gouvernement britannique (2). Les deux mariages furent
célébrés à Madrid le 10 octobre 1846. M. Bulwer n'assista
point à cette cérémonie , et lord Normanby , ambassadeur
anglais à Paris, ne prit aucune part aux fêtes qui eurent lieu
à St-Cloud , lors de l'arrivée des nouveaux époux. L'entente
cordiale ne put se remettre de cette prétendue violation des
engagements pris par Louis-Philippe. La reine Victoria, particulièrement , en témoigna un courroux très–vif , et lord

(1) *Memorandum* de M. Guizot, du 11 oct. 1846.
(2) Lettre du 11 sept. 1846.

Aberdeen, malgré son dévouement personnel pour le roi des
Français, écrivit à M. Guizot qu'il n'apercevait dans la conduite de l'Angleterre *aucun motif plausible* (1) au changement qui avait eu lieu. Le cabinet anglais parut dès-lors encourager ostensiblement les prétentions du comte de Montemolin
qui, par l'abdication de don Carlos, son père (mai 1844) , se
regardait comme légitimement appelé à recueillir l'héritage
de Ferdinand VII. Ce prince avait fui sur le sol hospitalier
de la Grande-Bretagne la captivité où le retenait le gouvernement de Louis-Philippe. M. Bulwer, de son côté, ne cessa
de combattre par ses intrigues les efforts du ministère français
pour acquérir de l'influence sur les affaires de la Péninsule, et
son action ne fut que trop secondée par les actes scandaleux
de mésintelligence qui éclatèrent bientôt au sein du ménage
royal. Cet état de choses subsista jusqu'au retour à Madrid
(oct. 1847) du général Narvaez, ambassadeur près la cour de
France, ministre entièrement dévoué à la politique de Louis-
Philippe et de Marie-Christine. Ce général, aidé de la reine-
mère , réussit à rapprocher les deux époux , et à conquérir
dans le gouvernement de l'Etat un ascendant qu'il devait
conserver même après la chûte de Louis-Philippe. Enfin ,
lorsqu'eut lieu cette grande catastrophe , les inimitiés des
deux gouvernements, graduellement envenimées par les dé-
clamations de la presse , semblaient prêtes à se traduire en
hostilités ouvertes. On se mesurait d'un regard menaçant, on
se traitait avec aigreur sur tous les points du globe où l'on
se rencontrait (2), et de vastes armements témoignaient combien était sérieuse et profonde , de l'un et de l'autre côté du
détroit, l'irritation des esprits. Dans une lettre adressée à sir
John Burgoyne , le duc de Wellington, ce premier protecteur

(1) *No adequate ground.* (Lettre du 14 septembre 1846).

(2) *Des Rapports de la France et de l'Angleterre à la fin de* 1847 , par
M. Michel Chevalier.

européen de la monarchie de 1830, conjurait hautement ses compatriotes de se préparer à combattre les projets de débarquement et d'invasion qu'il supposait à la France, et, dans un autre document, inséré au *Times*, Lord Ellesmere enchérissait encore sur les appréhensions patriotiques du vieux guerrier.

La rupture de l'entente cordiale eut des fruits amers pour la république de Cracovie, dont l'indépendance avait été solennellement reconnue par le congrès de 1815. Les puissances du Nord, prenant pour prétexte l'insurrection qui venait d'éclater au sein de cet Etat, se hâtèrent d'incorporer son territoire à l'empire autrichien, bien sûres que l'isolement actuel de la France ne lui permettrait point de punir cette violation scandaleuse des traités. Le ministère du 29 octobre proposa vainement, en effet, au cabinet anglais de s'unir à lui pour protester : Lord Palmerston refusa d'apposer sa signature au bas de l'acte dressé par M. Guizot, et protesta par un acte séparé. Ce refus n'empêcha pas le ministère français de prêter son concours à l'Angleterre pour soutenir la reine de Portugal, dona Maria, contre une insurrection formidable, provoquée par des actes bien autrement arbitraires que ceux qui avaient amené la chute de Charles X : inconséquence d'autant moins excusable, que l'Angleterre seule avait un intérêt direct au maintien du régime établi dans cette partie de la Péninsule. Mais la nouvelle politique du gouvernement français eut un résultat plus fâcheux encore dans la longanimité forcée avec laquelle il supporta l'irruption des troupes autrichiennes au sein des Etats romains, lorsque les idées d'émancipation proclamées du haut de la chaire pontificale par l'illustre successeur de Grégoire XVI, s'y réalisèrent sous la forme d'une insurrection. Il ne fallut rien moins que les réclamations menaçantes de l'Angleterre et l'énergique opposition du nouveau pontife pour mettre un terme à cette dangereuse inter-

vention. La politique fière et nationale de Casimir Périer avai
honteusement fléchi devant un intérêt dynastique, et l'inaction de M. Guizot répondait à celle que M. de Metternich
avait gardée en présence des mariages espagnols.

Dans cet état d'impuissance et d'isolement, ce fut une nouvelle d'un haut intérêt pour la France et pour l'Europe entière que celle de l'union du comte de Chambord avec la
princesse Marie–Thérèse de Modène, nièce de l'impératrice
d'Autriche. Louis-Philippe, personnellement, en conçut un
dépit très-marqué. Cet événement, préparé dans le plus profond mystère, ruinait le laborieux échafaudage construit de
longue main par le chef de la maison d'Orléans pour vouer
à un célibat perpétuel, s'il était possible, l'héritier légitime du
trône de Charles X. Le mariage du comte de Chambord fut
célébré à Bruck, le 16 novembre 1846, en présence des augustes débris de la famille royale, dont l'exil brilla tout-à-
coup d'un de ces rayons d'allégresse pure qui ne visitent plus
guère les palais des rois.

Lorsque Louis–Philippe ouvrit, le 11 janvier 1847, la dernière session législative qu'il devait conduire à son terme, la
puissance intérieure de son gouvernement, affermie par les
épreuves même qu'il avait traversées, offrait toutes les apparences de la force et de la durée. Une majorité compacte et
dévouée dans les deux Chambres était acquise à son système
d'administration. Les partis, usés par sa patience, ou décou-
ragés par son incontestable dextérité, semblaient réduits à
l'impuissance. L'aristocratie nobiliaire, appauvrie par quelques défections notables, ou neutralisée par la préoccupation de ses intérêts matériels, avait cessé toute hostilité active
contre la monarchie de 1830. L'esprit politique du clergé s'é-
tait insensiblement modifié par suite du recrutement succes-
sif de ce corps, et la religion elle-même, subissant l'influence

de la dynastie nouvelle, était devenue un *instrument de règne*. Quelques évêques indépendants poursuivaient, il est vrai, avec une vive persistance, cette liberté d'enseignement qui n'était ni dans la pensée, ni dans la politique étroite du chef de l'Etat. Mais cette opposition, qu'il savait habilement endormir ou calmer par quelques concessions de détail, n'était pas de celles qui renversent les trônes, et, par la réorganisation prochaine du Chapitre de Saint-Denis, la Cour se préparait un point d'appui solide et puissant contre les attaques de l'épiscopat. Rien, d'ailleurs, dans les idées voltairiennes de Louis-Philippe, n'eût éveillé de scrupule à une lutte ouverte contre le pouvoir ecclésiastique ; et lorsque, dans une suprême entrevue, à la menace impétueuse de briser sa mître épiscopale, le digne successeur de M. de Quélen répliquait par l'appréhension menaçante du renversement du trône (1), il employait le seul argument propre à fléchir une indomptable volonté. Le zèle des fonctionnaires publics, stimulé par l'indéfectible appui du gouvernement et par des avantages matériels peu conformes à l'élévation progressive des charges de l'Etat (2), ne reculait devant aucun obstacle, et servait sans scrupule toutes les conséquences d'un système

____

(1) *Annales de philosophie,* par M. Bonnety, 1848.

(2) Le seul budget de la guerre, de 1838 à 1847, présentait un excédant de 1208 millions, tandis que cet excédant n'avait été, pour l'Angleterre, durant le même laps de temps, que de 426 millions. L'élévation proportionnelle des dépenses maritimes était plus exorbitante encore. M. Portal, ministre de la marine sous Louis XVIII, regardait la somme de 65 millions comme le budget normal de ce département, et déclara trois ans de suite à la tribune, qu'avec cette somme il se chargeait de créer, dans un espace de dix années, une flotte de 40 vaisseaux de ligne, 5o frégates, avec un nombre proportionné de bâtiments inférieurs, de maintenir la réserve des arsenaux au niveau des exigences, et de porter au plus haut degré de perfection nos divers établissements maritimes. Plusieurs hommes d'État qui ont eu le porte-feuille de la marine ont présenté des

prêt à tout avouér, hormis l'insuccès. A toutes les forces de
son gouvernement, Louis-Philippe ajoutait les ressources personnelles d'un esprit actif, laborieux, plein de finesse et d'expérience, assidu à tous les interêts de sa politique, à tous les
devoirs de la royauté. Une complexion robuste, entretenue
par sa tempérance et l'extrême régularité de ses mœurs, pro-
mettait à l'ambitieux imitateur de Guillaume d'Orange les
jours nécessaires pour asseoir le système qu'il avait fondé, et
dont ses fils deviendraient d'intelligents continuateurs, après
en avoir été les brillants auxiliaires. Affaiblie par une répression constante et sévère, la liberté de la presse, ce dissolvant
presque irrésistible des sociétes modernes, avait usé dans ses
propres excès une partie de sa puissance, et la turbulence fa-
mélique des plus dangereux libellistes s'était tue devant les
séductions du pouvoir. La masse de la nation, liée à l'existence
du gouvernement par tous ses intérêts matériels, semblait
soustraite à jamais à la sphère des influences révolutionnaires.
Une armée nombreuse et bien entretenue offrait l'image de
la fidélité sous l'aspect de la discipline. Paris fortifié, Paris
défendu dans son enceinte intérieure par mille savantes combinaisons stratégiques, défiait en apparence le génie de la sédition : or, dans le système de centralisation que nous avait
légué l'absolutisme impérial, Paris, c'était la France elle-
même. Les transactions industrielles et commerciales, frap-

programmes analogues. En 1846, ce budget n'a pas été moindre de 134
millions.
  Au mois de février 1848, le dégrèvement de la propriété foncière en
France depuis la paix de 1814, n'excédait pas 150 millions, dont 92
étaient l'œuvre de la Restauration. Le même gouvernement avait réduit,
en outre, de 19 millions la charge résultant des rentes proprement dites.
De 1815 à 1848, les réductions opérées par l'Angleterre dans les charges
publiques, se sont élevées bien au-delà d'un *milliard.* (*Des Rapports de
la France et de l'Angleterre,* par M. Michel Chevalier).

pées de langueur par la révolution de 1830 , s'étaient insensiblement ranimées au souffle puissant de la confiance publique, et une prospérité irrécusable recommençait à vivifier le
sol raffermi (1). Par l'institution des caisses d'épargne et l'importation des salles d'asile , par les développements donnés à
l'instruction primaire et la conquête assurée de la liberté du
travail, le gouvernement avait fait preuve d'une sage sollicitude pour les intérêts populaires. Les encouragements littéraires étaient généralement distribués dans une judicieuse
mesure, et M. Guizot avait jugé le gouvernement assez fort
pour rétablir cette Académie des sciences morales et politiques dont l'Empire et la Restauration avaient craint de braver
les abstractions démocratiques. De nobles monuments s'élevaient ou s'embellissaient sous l'impulsion fastueuse du chef
de l'Etat , et toutes les grandes cités de France , à l'exemple
de la capitale, attestaient par l'agrandissement et la décoration de leurs foyers l'augmentation de la richesse publique et
privée. L'ordre matériel s'affermissait sous une législation généralement obéie. A défaut de cette considération publique
qui ne pouvait s'adresser qu'à une administration pure et désintéressée, à d'irréprochables antécédents , les dépositaires
du pouvoir avaient conquis une influence salutaire sur les populations. Sans entraînement , sans sympathie personnelle,
Louis-Philippe s'était fait accepter en France et à l'étranger,
et l'habileté du gouvernement de 1830 avait heureusement
effacé les traces matérielles du grand cataclysme dont il était
issu.

Mais cette position, en apparence inexpugnable, ne reposait en réalité sur aucun fondement sérieux. Egalement dé

(1) De 1835 à 1842, c'est-à-dire durant une période de sept ans, le nombre
des cotes foncières s'était accru, dans des proportions variables, de 5 à 22
pour cent : résultat qui implique une invasion notable du prolétariat dans la
propriété immobilière.

nuée du principe imposant d'une consécration nationale, et du principe tutélaire de la légitimité qui aurait pu raffermir le sol sous les pas tumultueux de la démocratie, la monarchie citoyenne n'avait pas d'existence qui lui fût propre. Elle était condamnée par son origine à se mouvoir, sous peine de mort, dans le cercle étroit où la contenait, depuis dix–sept ans, un régime d'expédients et d'artifices. Son inaction forcée la perdit. Quand la France fut lasse de ce système corrupteur et stérile, le fragile édifice de juillet s'écroula rapidement, et Louis–Philippe tomba victime non de sa mauvaise volonté, mais de son impuissance. La situation fut plus forte que l'homme auquel elle était imposée. La France de 1830 ne pouvait échapper à l'anarchie que par l'abaissement et la corruption.

Le ministère du 29 octobre, mutilé par la mort de M. Martin du Nord, et par la retraite de MM. Moline de St–Yon, de Mackau et Lacave–Laplagne, se compléta, le 9 mai, par l'adjonction de MM. le général Trézel, Montebello et Jayr. Cette combinaison, qui sous-entendait bien des refus, n'apportait aucune force au pouvoir. La session de 1847 ne se fit guère remarquer que par la négation de ses résultats. La désaffection publique s'accrut rapidement sous l'impression de cette incurable stérilité, et la voix de cet ancien ministre, proclamant que le *gouvernement était dans des mains avides et corrompues*, pesa comme un redoutable anathème sur un régime voué désormais au mépris par l'impuissance. Un député connu pour son infatigable antagonisme contre les abus de toute espèce, M. Lherbette dénonça avec force le régime machiavélique et dilapidateur appliqué à l'exploitation des forêts de la liste civile, et ses accusations, faiblement réfutées, contribuèrent encore à aigrir les esprits. La majorité ministérielle, jusque-là si compacte, commença à s'ébranler sous l'impulsion du mécontentement public, et une fraction nombreuse et puissante de membres de l'ancien centre , sous le nom de *conservateurs progressifs*, vint fortifier graduellement l'opposition de son concours actif ou de sa menaçante neutralité.

Les scandales de cette dernière période de la monarchie révolutionnaire sont connus. Un ancien chef de la justice ouvertement convaincu de concussion, les plus hautes dignités comme les plus modestes emplois de l'Etat avilis par un honteux trafic, un duc et pair de race illustre fuyant dans le suicide le supplice d'un lâche assassinat, la corruption, l'escroquerie, l'oubli des traditions les plus vulgaires de l'honneur, pratiquées autour des représentants du pouvoir suprême, et jusques dans le palais des rois : tel fût le spectacle qu'une contrée qui se flattait de marcher à la tête de la civilisation moderne, offrit à l'Europe, durant les derniers mois de 1847. Et c'est en présence de cette société en dissolution , que M. de Lamartine essayait la réhabilitation de Robespierre et l'apologie du crime le plus odieux qui ait souillé les annales de la nation française !

Les passions démocratiques répondirent à ce coupable appel, et des banquets réformistes s'organisèrent, sous les auspices des députés du côté gauche, à Paris, à Colmar, à Strasbourg, à Saint-Quentin, à Orléans, à Lyon : redoutables assises où le système politique de la royauté de 1830 fut impitoyablement traîné sur la sellette , et dénoncé à la France entière comme indigne de présider plus longtemps à ses destinées.

A ces démonstrations, encouragées au dehors par la défaite du Sonderbund helvétique, par les cris d'insurrection qui commençaient à retentir sur tous les points de la péninsule italique , le roi n'opposait qu'une aveugle et inflexible persistance dans le maintien de ses funestes conseillers. Il récompensait, dans l'élévation de M. Guizot à la présidence du Conseil, l'interprète le plus éloquent , le plus intrépide et le plus

ambitieux de la *pensée immuable*, et faisait expier au prince
de Joinville la liberté de ses représentations par un exil en
Algérie, dont son frère, le duc d'Aumale, venait d'être nommé
gouverneur-général. Chacun pliait devant cet absolutisme
sénile, qui se complaisait dans l'ostentation de sa propre puissance (1). Le dernier jour de cette année d'agitation et de
scandale priva Louis-Philippe dans sa sœur et l'inséparable
compagne de presque toute sa vie, la princesse Adélaïde,
âgée de 70 ans, du seul être qui, par son dévouement, son
expérience et la mâle sagesse de ses conseils, eût conservé
quelqu'ascendant sur son esprit. Ce fut le sceau de sa fatalité.

Louis-Philippe ouvrit la session législative par un discours où il crut devoir répondre à la préoccupation publique
en signalant l'agitation fomentée par *des passions aveugles
ou ennemies*. Ces paroles, qui ne rappelaient que trop l'in-
discrète provocation reprochée à Charles X, dans des circonstances analogues, furent le signe d'une tempête violente à la Chambre des députés. Mais les efforts de la minorité ne purent écarter de l'Adresse une phrase correspon-
dante à *la flétrissure* descendre du trône, et le ministère,
encouragé par cet imprudent succès, déclara l'intention de
déférer dorénavant aux tribunaux tout banquet ou réunion
politique. C'était, comme on le dit alors, « mettre la main
de la police sur la bouche de la France. » L'opposition résista, et cent députés appartenant à ses diverses nuances,
décidèrent qu'une manifestation solennelle en faveur du droit
de réunion et de la réforme. aurait lieu à Paris le 22 février, sous la protection de la garde nationale et des jeunes
gens des écoles. Cet appel menaçant provoqua une défense
formelle du préfet de police, M. G. Delessert, magistrat
justement considéré, mais dont la voix était impuissante à

(1) Lettre du prince de Joinville au duc de Nemours, 7 nov. 1847.

calmer la fermentation des esprits. Toutefois, la résistance du gouvernement, reproduite à la tribune par le ministre de l'intérieur, ébranla les dispositions du parti réformiste. A l'emploi de la force ouverte, il résolut de substituer celui des voies parlementaires, et M. Barrot, régulateur suprême de ces manifestations démocratiques, déposa, le 22 février, sur le bureau de la Chambre, une proposition de mise en accusation du ministère.

Cependant, en présence d'une collision plus ou moins imminente, les chefs du gouvernement ne demeuraient pas inactifs. Un grand mouvement de troupes s'opérait autour de Paris : vingt-sept mille hommes étaient casernés dans l'enceinte de la ville, quarante mille attendaient à ses portes ; des forces imposantes occupaient Vincennes et le Mont-Valérien, et tous les corps-de-garde de l'intérieur étaient fortifiés et crénelés. De nombreux piquets d'infanterie et de cavalerie défendaient les abords de la Chambre des députés.

Le 22 février, une forte colonne d'étudiants et d'hommes du peuple, partie de la place du Panthéon, sillonne les rues qui aboutissent au Pont-Neuf et pénètre sur la place de la Concorde, lieu fixé originairement pour le rendez-vous des réformistes. La force armée respecte leur passage, et les dragons les dispersent sans les maltraiter. Mais le peuple, exaspéré par les charges réitérées des gardes municipaux, attaque et désarme leurs postes, et forme, sans les défendre, des retranchements sur divers points de la capitale. Le lendemain, l'émeute prend des proportions plus menaçantes. De vifs engagements éclatent dans le quartier du Temple, sous la protection de redoutables barricades. Vers onze heures, le gouvernement se décide à regret à convoquer la garde nationale. Mais la première apparition de ce corps, depuis si longtemps hostile à la politique de Louis-Philippe, modifie le cours des évènements ; les légions s'assemblent aux

cris de : *vive la réforme* ! et leur intervention pacifique détermine bientôt l'inaction des troupes, qui affluent sur tous
les points de la capitale. A la porte Saint–Denis, sur les
places des Petits–Pères, des Victoires, du Panthéon, la milice citoyenne s'interpose entre les militaires et les insurgés,
que protége le pavillon trompeur de la réforme, et partout
les militaires battent en retraite. La résistance se concentre
presque exclusivement dans la garde municipale, corps intrépide, dévoué, mais numériquement faible. L'insurrection
triomphe. A la suite d'une conférence très-agitée, le ministère donne sa démission en masse, et M. Molé est mandé
aux Tuileries. Mais c'est en vain qu'il cherche à faire comprendre à Louis–Philippe la gravité de la situation. La sécurité de l'aveugle monarque, secrètement entretenue par
M. Guizot, résiste encore aux avis les plus menaçants, aux
exhortations les plus pressantes. Les alarmes des princesses
de la famille royale sont traitées de terreurs ridicules, dont
on ne tardera pas à rougir, et les instances même de la
duchesse d'Orléans, qui conjure avec larmes le roi de ménager le trône de son petit-fils, n'ont rien pu obtenir au-
delà d'un changement de cabinet. N'a-t-il pas dit, la veille
à un ambassadeur, dans un accès de belle humeur sur l'a-
vortement de la réforme, qu'il était *à califourchon sur son
gouvernement*! M. Molé se retire sans avoir obtenu aucune
concession. Cependant le bruit de la retraite du ministère
éclate au dehors; Paris entier se livre à la joie, et tout annonçait un dénouement pacifique à cette grande crise, lorsque,
dans la soirée, une décharge meurtrière, partie du bataillon
de la ligne qui garde l'hôtel des affaires étrangères, et provoquée par je ne sais quelle mystérieuse et criminelle agression, rallume partout le feu de l'insurrection. On court aux
armes, les barricades se relèvent, le tocsin sonne, et son glas
lugubre remplit d'effroi les pâles hôtes des Tuileries. A une

nuit d'angoisses va succéder un jour plus formidable encore, le dernier jour de la monarchie !

Louis–Philippe avait signé, à minuit, l'avènement ministériel de M. Thiers et la nomination du maréchal Bugeaud au commandement général des troupes. Il s'était endormi plein de confiance dans le succès de ces dispositions, qui se tempéraient l'une par l'autre. Quel réveil ! la cité entière est sous les armes ; l'insurrection, encouragée sur tous les points par des défections ou des victoires, se propage dans d'effrayantes proportions; les Tuileries sont cernées, et, devant l'insuffisance trop certaine des dernières concessions royales, on commence à murmurer autour du roi les mots d'abdication et de départ. Les dispositions les plus contradictoires se croisent dans un inexprimable désordre. Comme Marie-Antoinette, aux mêmes lieux, à un demi-siècle de distance, Marie-Amélie exhorte l'infortuné monarque à mourir à la tête de ses troupes. Louis-Philippe, indécis, monte à cheval, passe sur la place du Carrousel une revue où les cris de *vive la réforme !* se mêlent à ceux de *vive le roi !* reçoit M. Thiers, qui détruit ses dernières espérances, et abdique enfin en faveur du comte de Paris, au bruit de la fusillade qui fait frémir les vitres de son palais. Restait à fuir. Les troupes se replient, les voitures de départ s'avancent, Louis-Philippe dépouille lentement les insignes du rang suprême, pendant que son altière compagne reproche à M. Thiers, avec un foudroyant éclat, l'ingratitude et l'aveuglement de son opposition. Par un suprême et vain élan de cette volonté si longtemps souveraine, le monarque fugitif recommande solennellement à tout son entourage la régence du duc de Nemours (1) ; puis il prend le bras de Marie-Amélie, et traverse avec elle le jardin des Tuileries

(1) *Hist. des Trois Journées de Février*, par Eug. Pelletan, p. 96.

et la place de la Concorde, oubliant, dans le désordre de
leur retraite, la jeune duchesse de Montpensier, qu'on re-
cueille plus tard errante, éperdue. Arrivés, non sans obstacle, au Pont-tournant, tous deux montent à la hâte dans
une modeste voiture de place, attelée d'un seul cheval ; les
insurgés avaient dispersé leurs équipages à coups de fusil!
La duchesse de Nemours les suit dans une seconde voiture : un escadron de dragons protége leur fuite. A la hauteur des Champs-Elysées, le cortége royal essuye une vive
fusillade, dernier adieu du peuple de Paris, qui, par une
sévère dispensation de la Providence, reprenait violemment
au prince fugitif le pouvoir qu'il avait usurpé moins de dix-
huit ans auparavant !

A son arrivée à Saint-Cloud, le roi s'aperçut pour la
première fois qu'il était parti dans un état complet de dénûment. Il fallut que les officiers de son escorte se cotisas-
sent pour favoriser la fuite de celui qui occupait quelques
instants avant le plus beau trône de l'univers. Ce fut à
Dreux, dans la nuit du 24, qu'il apprit avec consternation, de la bouche du duc de Montpensier, le mauvais succès des efforts tentés à la Chambre des députés, pour la
reconnaissance des droits de son petit-fils. Louis-Philippe
n'avait vu dans l'insurrection de Paris qu'un orage passager, qu'il s'était flatté de dissiper par une retraite momentanée. Toute illusion devenait désormais impossible. Les
augustes proscrits arrivèrent le 27 à Trouville, où les soins
du docteur Biard et de M. de Pertuis, aide-de-camp du
roi, leur procurèrent les moyens de passer en Angleterre.
Mais une misérable concurrence entre deux patrons de bar-
que faillit devenir fatale à leur sûreté. Il fallut éviter, par
un prompt départ pour Honfleur, les investigations de la
police. Enfin, après trois jours d'incertitudes et d'alarmes,
les débris de la famille royale se réunirent le 2 mars devant

le Hâvre, à bord de l'*Express*, paquebot anglais destiné à embarquer ceux des sujets de la reine Victoria qui fuiraient le sol agité de la France. Le successeur de Charles X avait arboré la livrée du plus modeste fugitif. Américain par le nom et par l'accent, il portait des lunettes vertes, et sa figure, dépouillée des favoris épais qui l'ombrageaient, était à moitié recouverte d'un cache-nez. La traversée fut pénible, mais couronnée le 3 par un heureux débarquement à New-Haven, d'où le couple royal se rendit au château de Claremont, propriété particulière du roi des Belges. Là, se retrouvèrent successivement les membres de la famille déchue, excepté la duchesse d'Orléans, qui se retira avec ses enfants dans les États de Mecklembourg.

Ici doit se terminer cette incomplète esquisse d'une des existences les plus pleines et les plus agitées que mentionne l'histoire. Rendu à la vie privée par l'explosion formidable que ses habiles efforts et son courage personnel avaient contenue pendant dix-sept ans, Louis-Philippe expie aujourd'hui dans un dernier exil les torts d'une politique à laquelle les circonstances eurent plus de part que ses propres inspirations. La condamnation la plus éclatante de son règne sera sans doute d'avoir rendu possible en France le retour de ce régime républicain, que tant de funestes souvenirs, tant de sinistres images semblaient devoir écarter à jamais de notre sol. Mais l'histoire et la logique absoudront difficilement les réformateurs de 1848 d'avoir opposé à une situation vicieuse le remède extrême d'une révolution, et proscrit le principe même de l'institution monarchique, en vue de l'administration impopulaire qu'il avait enfantée. Car, les révolutions, qui corrigent certains abus, rendent rarement aux peuples les biens dont elles les privent, et, comme l'a écrit notre plus illustre publiciste , à la lueur de soixante ans d'une expérience chèrement acquise, « la société ne s'établit point en changeant à chaque instant de maîtres, de formes, de principes et de malheurs (1). »

Ainsi qu'il arrive aux hommes d'État de tous les siècles, Louis–Philippe d'Orléans a été tour à tour loué avec excès, et dénigré sans mesure. Tandis que les uns ont marqué sa place parmi les dominateurs les plus renommés des nations, d'autres, lui déniant jusqu'à l'intelligence politique, ont affecté de ne voir en lui qu'un instrument et presqu'une erreur de la fortune, un ambitieux vulgaire et sans portée. D'égales contradictions ont défiguré le caractère personnel de ce prince, et la postérité aura peine à discerner ses véritables traits au milieu des hommages outrés et des injustes accusations qu'il a successivement inspirés. C'est dans les actes mêmes et dans les écrits de Louis–Philippe, c'est dans l'ensemble de sa carrière politique qu'il convient de chercher ses vrais sentiments et la portée réelle de son esprit.

Tout homme reçoit communément, de son origine ou de son éducation, le germe d'un ordre de conduite auquel il ne se montre jamais complètement infidèle durant le cours de sa vie. Aucune destinée peut-être ne vérifie mieux l'exactitude de cette observation que celle dont je viens d'esquisser les principaux évènements. Né avec un fonds incontestable de droiture et d'humanité, le duc de Chartres eut à lutter, dès ses premières annés, contre la disgrâce d'un nom odieux à la Cour et plus tard, à l'émigration. Ce rôle équivoque dut enfanter chez lui avec l'habitude d'une étroite circonspection, cette souplesse d'esprit, ou, pour mieux dire, cette altération prématurée du sens moral, qui jetèrent longtemps dans d'étranges con-

(1) *De la Proposition relative au bannissement de Charles X*, par M. de Chateaubriand.

tradiclions celle âme avide d'action et de bruit. Tour à tour
exalté révolutionnaire et fanatique émigré, d'une haine absolue de la royauté passant à un culte presque superstilieux
pour les traditions monarchiques, ici, patriote ardent, là,
implorant avec instance du service contre son pays, tantôt
prêt à accepter le sceptre constitutionnel des mains de Dumouriez, tantôt impatient de coopérer dans les bocages de
la Vendée au salut de la France royaliste, Louis-Philippe
n'offre à notre observation, pendant la première moitié de sa
vie, que le spectacle assez vulgaire d'une ambition brûlant
de se satisfaire à tout prix, et tenant peu de compte de la
bannière destinée à ombrager ses succès. Tout système lui
est bon qui favorise son besoin de distinction et de renommée, toute opinion est sienne qui lui promet dans la société une place dont la mémoire de son père l'a trop longtemps déshérité. Mais le succès manque à tous ses efforts,
et la fortune lui est rebelle sous quelque forme qu'il pour-
suive ses faveurs. Son attachement aux opinions révolutionnaires l'a voué à la misère et aux proscriptions : sa conversion aux idées monarchiques ne peut l'arracher à l'inaction
et à l'obscurité. Cependant l'Empire s'écroule, un gouvernement pacifique et tempéré succède au joug doré qui pesait sur la France : la Restauration, qui en ouvre les portes
au duc d'Orléans, agrandit la sphère de ses aspirations ambitieuses ; il devient insensiblement le point de mire de tous
les mécontents d'un régime qui froisse tant d'intérêts, brise
tant d'espérances. Plus habile à exploiter qu'à préparer ou
à diriger les évènements, il comprend et accepte sans hésitation le nouveau rôle qu'ils lui tracent ; et, des sentiments,
des souvenirs de l'émigration, il ne garde plus que ce qu'il
lui faut pour endormir la prudence ombrageuse de Louis XVIII
et les susceptibilités inquiètes des anciens compagnons de son
exil. Partout ailleurs, le duc d'Orléans n'est plus que le pa-

triote de 1789, et le soldat de Jemmapes. Car, à travers les
adorations monarchiques, il pénètre la puissance des idées
révolutionnaires, et sait parfaitement que, dans les sociétés a-
gitées, la victoire n'est point au parti le plus honnête et le
plus sage, mais au plus entreprenant. Le succès, cette fois,
couronne sa tactique. Il réussit à maintenir, à encourager
l'opposition libérale, sans compromettre par aucun écart de
conduite, par aucune trahison matérielle, les douceurs de sa
position secondaire ; et c'est quand Louis XVIII le croit plus
sensible aux avantages réels du pouvoir, qu'au pouvoir
lui-même (1), que tout se prépare pour lui faire passer

(1) Frappé des développements de cette conspiration du libéralisme qui, de
l'opposition constitutionnelle de B. Constant, devait, par une pente continue,
aboutir en moins de trente ans, au socialisme armé de Proudhon et de Barbès,
un clairvoyant ministre de Louis XVIII entretenait un jour ce monarque de ses
appréhensions ; il exprimait la crainte que le duc d'Orléans ne prît part à ces
machinations : « Le duc d'Orléans, s'écria Louis XVIII, conspirer pour usurper
la couronne !.. Ah ! s'il s'agissait de la liste civile, je ne dis pas.., »
M. Capefigue raconte dans son *Histoire de la Restauration*, une anecdote
assez piquante et très-caractéristique sur la sollicitude que Louis-Philippe,
alors duc d'Orléans, apportait à la direction de ses intérêts pécuniaires. En
1828, la commission du budget réclamait instamment de M. de Caux, ministre
de la guerre, une réduction sur les états-majors de l'armée, et particulièrement sur les nombreux aides-de-camp attachés à la personne des princes. Le
roi raya lui-même de la liste d'activité plusieurs de ses officiers et quelques-uns
de ceux du duc d'Angoulême et du duc d'Orléans. Le dauphin approuva ce
travail d'assez bonne grâce ; mais à peine M. de Caux eut-il informé le duc
d'Orléans de la mesure qui mettait à sa charge personnelle une partie de son
état-major, que le prince accourut dans son cabinet et blâma vivement cette
mesure, sans égard aux réclamations incessantes du côté gauche qui l'avait
provoquée. Vainement le ministre se prévalut de cette circonstance : rien ne
put toucher le duc d'Orléans. M. de Caux, prévoyant que le prince irait im-
plorer la protection du roi en faveur de ses aides-de-camp, courut au château
et prévint Charles X de ce qui venait de se passer. « Ah ! ah ! dit en riant
le roi, voilà bien les libéraux ; faites des économies, pourvu que ça ne les

sans secousse le sceptre prêt à choir des mains du successeur loyal mais inexpérimenté de ce prince. La politique du
duc d'Orléans, pendant la Restauration, ne fut ni conspi-
ratrice, ni agressive, comme on l'a tant de fois prétendu :
ce fut une politique d'observation, et, si l'on peut le dire,
une embuscade dressée avec art par un prince patient et
prévoyant, contre un gouvernement généralement honnête,
mais faible, tiraillé entre les exigences de l'émigration et
les nécessités de la France nouvelle, et pardessus tout mal
éclairé sur les vœux et le véritable esprit du pays.

Cependant, en présence de la grande épreuve de 1830,
le duc d'Orléans hésite, et sérieusement, je crois, à recueillir
le sanglant héritage de la victoire du peuple parisien. Il
s'alarme du succès de ses propres encouragements. Il
calcule avec effroi le poids du fardeau et le désavantage
des circonstances au sein desquelles il lui est imposé. Mais
les puissantes instigations de sa sœur, les excitations de ses
partisans, l'appréhension d'un nouvel exil, et, le dirai-je, l'intérêt de sa propre fortune triomphent de son indécision, et
dès lors sa politique, jusqu'ici timide et flottante, se dévoile
sans réserve. Régner et faire à tout prix régner sa dynastie,
telle semble être la devise invariable de ce nouveau Sixte-
Quint, passé tout-à-coup de l'humble attitude de premier
sujet de Charles X aux espérances les plus démesurément
ambitieuses. Le système gouvernemental de Louis-Philippe
est tout entier dans ce programme, gros d'un régime modéré, mais corrupteur, d'une diplomatie généralement loyale
et conciliante, mais dépourvue d'initiative et de grandeur (1).

touche pas. » M. de Caux venait de sortir des Tuileries, lorsque le duc d'Or_
léans y arriva ; mais ses instances furent vaines, et Charles X maintint la réduction.

(1) « Après dix-huit ans de règne et d'une diplomatie que l'on croyait
habile parce qu'elle était intéressée, la dynastie remettait la France à la

Car il fallait, à force de concessions et de garanties, fléchir le mauvais vouloir des puissances européennes et désarmer leurs ombrageuses susceptibilités. Et c'est ainsi que les ré- volutions abaissent les empires en déplaçant les conditions de leur force et de leur liberté.

La modération était chez Louis-Philippe une qualité du tempérament autant qu'un calcul de la politique. Quoiqu'é- minemment brave, il répugnait à l'effusion du sang, et tout le monde sait avec quelle scrupuleuse sollicitude il usait de la fa- culté qu'il s'était personnellement réservée de réviser toute procédure terminée par une sentence capitale, lors même que le condamné n'avait pas eu recours à la clémence royale. L'idée de l'échafaud sur lequel avait péri son père révoltait son imagination, et le sang des Bourbons n'avait rien perdu de sa mansuétude originelle en circulant dans ses veines (1). Son règne n'a point été marqué par ces expiations politiques qui ont tant contribué à dépopulariser la restauration de Louis XVIII. Mais il est juste de remarquer que sa clémence ne fut pas mise à l'épreuve par une tempête comparable à celle du 20 mars, et que son gouvernement, bien qu'avare d'exécutions capitales, est loin d'être demeuré sans reproche à l'égard des condamnés politiques. Le traitement inhumain auquel étaient assujétis les détenus du Mont-Saint-Michel provoqua plusieurs fois les justes réclamations de la presse indépendante, et un biographe anglais fit remarquer combien ce régime homicide était en opposition avec les sentiments de

République plus cernée, plus garottée de traités et de limites, plus incapable de mouvement, plus dénuée d'influence et de négociations extérieures, plus entourée de piéges et d'impossabilités qu'elle ne le fut à aucune époque de la monarchie. » (Discours du ministre des affaires étrangères à la Chambre des représentants, 8 mai 1843).

(1) *The Bourbon is by no means a cruel race.... There is a mildness in their blood.* (Sterne).

philanthropie que Louis-Philippe, alors duc de Chartres, avait manifestés dans une visite faite avec sa sœur à ce lugubre établissement. Tant il est vrai que nous sommes portés à considérer d'un autre œil les offenses commises contre nous et les nôtres, et celles qui s'adressent à des étrangers ou à des indifférents.

Les qualités privées de Louis-Philippe, développées par les rudes leçons de l'adversité, répandirent sur son existence un légitime éclat, et constituèrent, si l'on peut le dire, la raison morale de son élévation. Il était bon frère, père tendre, époux fidèle, maître indulgent. Mais ses qualités de famille n'étaient point à l'épreuve de cet intérêt dynastique qui, devenu roi, domina tous les sentiments, toutes les actions de sa vie. En dépit des raisons d'État ou des nécessités constitutionnelles, l'ingratitude de ce prince à l'égard de Charles X et sa conduite envers la captive de Blaye marqueront sa mémoire d'une tache ineffaçable, et la postérité ne l'absoudra pas d'avoir maintenu son usurpation par un acte de basse persécution. L'intrépide mère du duc de Bordeaux venant revendiquer les armes à la main l'héritage de son fils, avait droit d'être combattue autrement que comme une faible femme. De même que la vieillesse, l'héroïsme n'a point de sexe, et c'est avilir sa propre victoire que de conspirer à l'abaissement des vaincus.

L'histoire réduira à leur véritable valeur les imputations d'avarice et de parcimonie que l'injustice contemporaine s'est plue à accumuler sur Louis-Philippe. La bienfaisance notoire de la maison d'Orléans, la belle création du Musée de Versailles et de nombreuses restaurations royales répondent à ces inculpations passionnées. Mais elle lui reprochera sévèrement d'avoir favorisé le développement d'un système de corruption politique auquel la Restauration n'était pas demeuré sans doute étrangère, mais qui, à aucune époque du régi-

me constitutionnel, même sous l'administration si décriée
de Walpole, ne s'était produit avec plus de liaison et d'éclat.
Ce système machiavélique n'eut pas seulement pour objet de
vicier dans l'élection les sources mêmes de la vie politique :
il tendit à rendre tout pouvoir pour longtemps impossible en
France, par le discrédit qu'il versa sur les fonctionnaires
publics chargés de le mettre en œuvre. La France assista
pendant quelques années au spectacle étrange d'un gouvernement dont la confiance était en quelque sorte un brevet
de suspicion publique, et qui rabaissait ses propres agents
dans l'estime de leurs concitoyens à mesure qu'il les élevait
en puissance et en dignité. Toute faveur semblait suspecte
de la part d'un régime corrompu. Prodiguées à de lâches défections ou à d'indignes complaisances, les distinctions créées
pour le véritable mérite perdirent tout leur prix ; un dévouement absolu à la politique dynastique tint lieu de tout
autre titre, et l'homme qui garda l'indépendance de ses
convictions personnelles, perdit jusqu'au droit de servir
son pays. Également coupable et dans son but et dans
ses moyens, ce système immoral ne dédaigna pas des mobiles
moins délicats encore ; la vénalité sous toutes ses formes
répondit aux sollicitations du pouvoir, et le confident le
plus austère de la *pensée du règne* adressa sans honte à ses
électeurs cette exhortation qui résumait le siècle : *Enri-
chissez-vous* ! La France conserva tout juste assez de moralité pour rougir d'elle-même et pour faire justice de ce régime qui blessait les plus nobles instincts de la dignité humaine.

Il faut tenir compte sans doute des difficultés de la situation. Le gouvernement de Louis-Philippe était en butte à
l'hostilité de deux partis puissants, dont l'un demandait
ouvertement « pardon à Dieu et aux hommes » de l'avoir
placé sur le trône, dont l'autre lui refusait fièrement
son concours en proclamant que « rien ne le forcerait

à saluer ce qu'il ne voulait pas saluer, ni à estimer ce qu'il ne devait pas estimer. » La tactique de ce prince avait consisté jusqu'à ce jour à contenir l'une par l'autre ces factions ennemies , en exploitant avec adresse les antipathies originelles qui les divisaient. En dépit de plusieurs défaites partielles qu'avait essuyées cette tactique, le succès lui était généralement demeuré. Toutefois, il était raisonnable de prévoir que ce système d'isolement échouerait tôt ou tard devant la désaffection croissante des esprits, et que l'établissement de juillet, si fortement éprouvé déjà par la coalition parlementaire de 1839, aurait bientôt à subir les dangereux assauts d'une alliance aussi compacte, aussi monstrueuse, aussi formidable que celle qui avait renversé le gouvernement de la Restauration.

Mais s'il est vrai que, dans l'état des esprits, l'ordre politique représenté par la monarchie de 1830 , ne pût être sauvé par les voies régulières, au régime délétère que je viens de caractériser, à d'humiliantes et vaines concessions, j'eusse préféré, pour l'honneur de la France , l'extrémité même d'un coup-d'état, dont le succès, comme parle Tacite, aurait *attiré à lui la consécration publique.* La France, pays d'ordre et de loyauté, supportera toujours un gouvernement fort plutôt qu'un gouvernement corrompu. Car il n'y a dans la force ni erreur ni illusion : c'est le vrai mis à nu. J'aime mieux la Restauration disparaissant dans l'impuissance de son coup-d'état , que le gouvernement de juillet s'affaissant légalement avec lenteur sous le poids accablant de la contemption publique.

Servie, comme on l'a vu, par de puissantes facultés, la politique de Louis-Philippe manquait essentiellement de ces qualités cordiales et chevaleresques qui avaient donné tant de relief à l'habileté diplomatique de Henri IV. La chronique contemporaine a cité de lui un grand nombre de mots

heureux, de sentences piquantes et spirituelles, mais rien qui
parte du cœur. Le mépris de l'espèce humaine perçait dans
ses paroles, comme dans ses actions et ses écrits. De-là, cette
absence de distinction dans son gouvernement dont lui-
même, dit-on, ne pouvait s'empêcher d'être frappé. Par-là,
surtout, s'explique le peu de regrets que sa chûte a personnellement laissés. Le machiavélisme de son système a fait
taire le sentiment de ses services, et la France lui a tenu
peu de compte d'un dévouement dans lequel elle a entrevu
plus d'ambition dynastique que de véritable patriotisme.
L'histoire saura s'affranchir de cette vaine préoccupation
pour tirer de la grande catastrophe de février une leçon
utile ; et Louis–Philippe, détrône par le même peuple dont
il tenait sa couronne, offrira un exemple de plus de l'impuissance d'un chef d'État à réagir contre le principe qui
l'a élevé, et à lutter contre les exigences populaires, après
les avoir encouragées ou consacrées.

ERRATA.

Page 4, dernière ligne, à la note, au lieu de *arrivée le 18 novembre 1765,* lisez : *1785.*

Page 5, ligne 16, au lieu de *du trône de France,* lisez : *du fauteuil de la présidence, etc.*

Page 6, ligne 17, au lieu de *quatorze ans,* lisez : *douze ans.*

Page 15, ligne 11, au lieu de *l'ancien globe,* lisez : *l'ancien monde.*

Page 20, ligne 3, au lieu de *le 30 mars 1798,* lisez : *le 13 mars.*

Page 135, ligne 24, au lieu de *l'occupation du Passage de Fontarabie, etc.,* lisez : *du Passage, de Fontarabie.*

Page 141, ligne 1re, au lieu de *d'une entreprise habilement conçue,* lisez : *hardiment conçue.*

Lyon.—Imprimerie de Léon Boitel, quai St-Antoine, 36.

www.ingramcontent.com/pod-product-compliance
Lightning Source LLC
Chambersburg PA
CBHW071943090426
42740CB00011B/1805